Mateya mpona Episico na Yambo Epai na Bakolinti
Volume 2

Mateya mpona Episico na Yambo Epai na Bakolinti
Volume 2
Dr. Jaerock Lee

MATEYA MPONA BAKOLINTI na YAMBO: Volume 2
Na Dr. Jaerock Lee
Ebimisami na Ba Buku Urim (Mokambami na Johnny. H. Kim)
235-3, Guro-dong 3, Guro-gu, Seoul, Korea
www.urimbooks.com

Droit D'auteur. Buku oyo to mpe eteni na yango ekoki na kobimisama soko te, kofandisama kati na systeme moko na kobimisa ebele, to mpe kopesama na lolenge soko nini to mpe, na lolenge na electronique, mecanique, photocopie, enregistrement to mpe nini, soki nzela epesami na mobimisi na yango te.

Makomi isantu nioso mazwami kati na Biblia Esantu iye ibengami, NEW AMERICAN STANDAED BIBLE, ®, Copiright © 1960, 1962, 1963, 1968, 1971, 1972, 1973, 1975, 1977, 1995 epai na Fondation Lockman. Isalemi soki nzela epesami.

Droit d'auteur @ 2010 na Dr. Jaerock Lee
ISBN: 979-11-263-1382-2 03230
Droit d'auteur mpona kobongolama na Dr. Esther K. Chung. Esalemi soki nzela epesami.

Liboso ebimisamaki na Ki Coreen na Ba Buku Urim, na Seoul, Coree. Droit d'auteur@2008.
Kobimisama na Liboso na 2010

Edition na Dr. Geumsun Vin
Disin na Bureau d'Edition ya Ba Buku Urim
Mpona Koyeba Mingi Zua contact na: urimbook@hotmail.com

Ebandeli

Etambwiseli na Nzoto mpe na Molimo mpona Bandimi

Bato oyo babiki kati na mokili na lelo bakoki komitunatuna to mpe kozala na kobundana kati na bango moko mpona yikiyiki kati na bizaleli. Yango oyo etali kaka bazangi kondima te, kasi biso nioso tokoki kokutana na makambo na lolenge na lolenge ata na tango tokobikaka kati na kondima. Makambo mana makoki mpe kozala bozangi na koyokana, bokeseni na makanisi, kofundana, libala mpe kokabwana.

Moyini zabolo mpe Satana akokobaka na komeka bandimi mpona komema bango na kobika libanda na Liloba na Nzambe. Bongo bango oyo bazali komeka kobika kati na Liloba na Nzambe bakoki kozala na mituna mpona oyo matali Liloba mpe lolenge na kosalela yango mpona kosilisa makambo.

Yango mpe ezalaki likambo na lingomba na Kolinti.

Kolinti na tango na Paulo ezalaki egomba na misala mingi na bato mingi oyo bawuta na bikolo ndenge na ndenge mpe kobika. Ezalaki bongo na ebele na ba classe social mpe baton a mboka bazalaki kogumbamela ba nzambe nzambe ebele. Ezalaki mpe na makambo mingi na nsoni.

Kati na kobikaka kati na makmbo mana, bandimi kati na lingomba na Kolinti bazalaki na kowelana mingi mpe makambo ebele. Lisusu, wuta lingomba ebadisamaka sika, bazalaki na mikakatano mpona kobika bomoi kati na kondima. Mpona kosunga bango ete babika bomoi kati na Kristu oyo ekola, ntoma Paulo apesaki na bango biyano kati na Bilia mpona oyo etali ebele na mituna mpe na makambo.

Biyano mpe ba lolenge yango na kosilisa ebele na makambo yango maye makoki kosalema kati na bomoi na biso na mikolo na mikolo makomami kati na mokanda na yambo na Paulo na lingomba na Kolinti eye eyebana lokola Bakontinti na 1. Kati na mokili na makambo mingi na lelo ezali motuya ete toyekola na bokebi mingi mpe tososola yango.

Buku oyo, Mateya kati na Bakolinti na Yambo: volume 2, elimboli lolenge nini na kososola mpe na kosalela makambo matali kowelana, sango Malamu, libala, kongumbamela bikeko, mpe makabo na molimo. Bokokoka kobika bomoi kati na Kristu na nguya makasi koleka soki bomoni nzela esengela kati na bososoli likambo na bino na nzela na Liloba na Nzambe.

Napesi matondi na Geumsun Vin motambwisi na ndako na Ba Buku Urim mpe na bato ba ye nioso mpe Nabondeli kati na nkombo na Nkolo Yesu Christu ete batangi banso bakososola malamu mingi mokano na Nzambe mpe bakosalela yango mpo ete bakoka kozwa ebele na mapamboli na Nzambe.

Dr. Jaerock Lee

TABLE DES MATIERES

Ebandeli

Kotala kati na Bakolinti na Yambo

Chapitre 8

Biloko Mibonzami na Bikeko · 1

1. Nini Ezali Biloko Mibonzami na Bikeko?
2 Limbola na Molimo na 'Koboya Kolia Biloko Mibonzami na Bikeko'
3 Biloko Nioso Mizali Ya Nzambe.
4. ...Soki Tokokoba na Kosumuka na Koyebaka ete Ezali Lisumu...
5. Nini Esengeli Kosalema na Biloko Mibonzami na Bikeko?

Chapitre 9

Nzela na Ntoma · 25

1. Asalelaki Bokonzi na Bo Ntoma Te
2 Ateyaki Sango Malamu na Kosenga Eloko Moko Te
3. Ye Amikomisaka Moumbo na Bato Nioso
4. Mpona Kolonga, Opota Mbangu Lokola Ntoma!

Chapitre 10
Bosalaka Makambo Nioso Mpona Nkembo na Nzambe · 49

1. Libatisi kati na Mapata mpe kati na Mai Monana
2. Bana na Yisalele Babebisamaki Mpona Kosala Kati na Mabe
3. Nzambe Apesaka Nzela Na Kobima na Mikakatano Nioso
4. Bokima Kongumbamela Bikeko
5. Ntina na Mosuni Mpona Bongumbameli Bikeko
6. Bosalaka Niso Mpona Nkembo na Nzambe

Chapitre 11
Mpona Oyo Etali Molongo na Molimo · 81

1. Bozala Balandi na Ngai
2. Mpona Oyo Etali Molongo na Molimo
3. Basi Basengeli Te Kozipa Mito na Bango
4. Mpo Nini Kowelana mpe Kondongwana Ebandisamaka
5. Ntina na Elambo Esantu

Chapitre 12
Makabo na Molimo Mosantu · 111

1. Molimo Mosantu Ayekolisaka Biso Nkolo Yesu
2. Ebele na Makabo na Molimo Mosantu
3. Tozali Nzoto na Kristu
4. Molongo Kati na Lingomba

TABLE DES MATIERES

Chapitre 13
Bolingo na Molimo · 155

1. Bolingo na Molimo mpe Bolingo na Nzoto
2. Ata na Nguya Monene mpe na Kondima
3. Bolingo na Molimo
4. Nini Esengelami Mpona Biso Mpona Libela Kati na Lola Ezali Bolingo

Chapitre 14
Masakoli mpe Koloba na Minoko na Sika · 185

1. Bosengeli Kozala na Bolingo liboso na Bibo Kozwa Makabo na Molimo
2. Kobondela na Minoko na Sika, Monoko na Libondeli na Molimo
3. Kopimama kati na Minoko na Sika mpe Kosakola
4. Bosalaka Nioso Mpona Kobondisama
5. Limbola na Molimo Mpona Mwasi 'Kobatela Kimia Kati na Lingomba'
6. Makambo Nioso Masengeli Kosalema Malamu mpe Kati na Lolenge na Molongo

Chapitre 15

Lisekwa · 225

1. Kristu Mosekwisami
2. Nini Ezali Ngai Ezali Ngolu na Nzambe
3. Koloba Ete Lisekwa Esalemaki te
4. Christu Azali Mbuma na Liboso
5. Libatisi Mpona Bakufi
6. Nkembo Na Moko na Moko Ekesana kati na Bokonzi na Lola
7. Lisekwa na Bakufi
8. Tokombongwana Biso Banso na Kelelo na Mokolo na Suka

Chapitre 16

Bizaleli na Bakristu Bakola · 271

1. Lolenge Kani Esengeli na Mabonza Kopesama
2. Kotosa Kotambwisama na Molimo Mosantu
3. Komikitisa Epai na Moto Nioso oyo Azali Kosunga kati na Mosala mpe na Kosalaka

Tika Totala Kati na Bakolinti na Yambo

1. Mpona Oyo Etali Mokomi na Makanda na Yambo Epai na Bakolinti

Mokomi na Mokanda na Yambo na Bakolinti ezali ntoma Paulo. Liboso na ye kondimela Yesu Christu nkombo na ye ezalaki Saulo. Abotamaka na Talasi na Cicilie mpe ayekolaka nan se na Gamalilele. Ye Gamaliele azalaka molakisi na Mobeko ye oyo atosamaka mingi epai na bato.

Mpo été atangaka na makolo na molakisi aleka basusu na eleko wana, mayebi na Saulo mpona mayele na bonzambe ezalaki malamu mingi. Ye alingaki Nzambe mingi mpe abatelaki mpenza Mobeko. Balobaki été ye azalaki Moebele kati na Baebele.' Azalaki moko na bango batombwama na mboka mpe azalaka mpe Moloma mpe azalaki na mikanda na Bokonzi na Baloma.

Liboso na ye kokutana na Nkolo Yesu Saulo anyokolaki bandimi na Nkolo. Ye akanisaka été bandimi na Yesu bazalaka mbeba mpona boyambi na Bayuda mpe azalaki moto na bango bazalaka konypkola mpe na kotia bango na boloko.

Akutanaka na Nkolo Yesu Christu na nzela na mobembo na ye na Damaseke. Ye azalaki kokende kuna na mokanda mopesamaki na nganga Nzambe mokolo mpona kokanga bango oyo bazalaki bandimi mpe balandi na Yesu. Mpo ete Nzambe Ayebaka bolingo oyo Saulo azalaki na yango mpona Ye, Aponaki Paulo mpona kokomisa ye ntoma. Nzambe Atiaki ye pembeni longwa ebandeli na tango pambe te Ayebaka ete ye akoyambola mpe akokoma mpenza sembo epai na Nkolo Yesu soki kaka akutanaka na Ye.

Saulo ayaka koyebana lokola 'Paulo.' Asalaka makasi mingi, ata na esika na kokufa, lokola 'ntoma na Bapaya'. Atiaka moboko mpona kopanza Sango Malamu kino suka na mokili na nzela na misala ma ye misato mpe abandisaka ebele na mangomba kati na Asia Moke mpe na Hela.

Kobanda tango oyo ye akutanaka na Nkolo, ntoma Paulo amipesaki ye mpenza mpona Nkolo na bomoi na ye nioso mpe akokisaki na mobimba mosala na ye nioso lokola mosali na Nzambe mpe ntoma.

2. Kolinti

Kolinti ezalaki mboka monene na ngambo na ngele na Hela. Na ekeke na Paulo Kolinti ekambamaka na Bokonzi na Baloma.

Ezala mboka ezingama na ba ngomba misato na mpe na ngele,, ebimeli nan tango, ekoteli nan tango, na ba mai minana. Asia ezalaki mozalani na yango na esika na likolo, mpe Loma ezalaki na esika na kokota na tango. Esika na yango kozala ekomisaki yango centre mpona bombongo kati na Asia mpe Loma.

Ezalaki egomba na bonmbongo mingi mpe na kolekaleka na bato kati na misala, yango etondaki mpe na basali na mbula matari, basoda, batekisi, mpe baton a ba bwatu kowuta bipai na bipai na kati na Bokonzi na Baloma. Ebele na mikutani na mimekano emesanaki na kosalema, ezalaki mpe na sango mpona kotonga na yango mpe na misala. Na bongo mpe misala na ekobo mpe miyaki na komonana kuna, nde bongo bato bakomaki na bonzambe mpe bomoto na lokuta.

Ezalaki na ba tempelo koleka 30 mpona ba Nzambe na bapagano ata tempelo na Aprodite. Bato bakokaki kosala bikilakila kuna liboso na bango kokende na bombongo na bango. Mboka ezalaki mpenza na pite nde bongo ezalaki na basi na bondumba koleka nkoto moko oyo bazingaki tempelo na Aphrodite.

3. Relation kati na Lingomba na Kolinti mpe Ntoma Paulo

Pembeni na 50 AJC, ntoma Paulo ateyaki Sango Malamu kati na Kolinti elongo na Sila mpe Timote na tango na mobembo na ye na mibale kati na mosala na Nzambe mpe abandisaki lingomba. Afandaki na ndako na Pricila mpe Aquila mpe ateyaki Sango Malamu na tango ezalaki ye kosala ba hema.

Na ebandeli, ateyaki kati na lingomba na Bayuda. Kasi mpona kotelemelama na Bayuda, afandaki mpona mbula moko mpe ndambo na ndako na Tito Yustusi na tango ezalaki ye kotia moboko na lingomba. Ebele na bandimi bazalaka bapagano, kasi ezalaki mpe nan a mua Bayuda.

4. Tango, Esika, mpe Ntina na Kokoma Buku.

Buku na 1 Bakolinti ezali episico to mpe mokanda, oyo ntoma Paulo akomaka na Efese na tango na mobembo na ye na misato, na pembeni na mbula 55AJC. Bandimi kati na lingomba na Kolinti bazalaki komeka kobika bomoi na bonzambe, kasi bango bakutanaki na makambo ebele mpona esika etondamaka na pite mpe kanyaka eye ezalaki kozinga bango.

Kowelana ezwamaki kati na bandimi bazwi mpe bango oyo babola, mpe ezalaki mpe na makambo kofundama na bazuzi kati na bandimi. Ezalaki na makambo kati na babalani, makambo matali komikanga, mpe makambo mamonanaki mpona bilei mibonzamaki na bikeko. Ntoma Paulo akomaka mokanda oyo mpona kopesa bango biyano misengela mpona makambo mana.

5. Makambo Makesenisi 1 Bakolinti

Ba buku na Baloma mpe na Bagalatia kati na Biblia

malobelaka mingi mambi matali doctrine na lingomba. Kasi mokanda na liboso na Bakolinti elobeli mingi na makambo ebele na bomoi. Kati na bandimi, 1 Bakolinti ezali buku na motuya mpona koyanola makambo eye bandimi bakoki kokutana na yango na bomoi na moko na moko to kati na lingomba mobimba.

Ekopesaka biyano malamu mingi mpona makambo lokola bokabwani kati na lingomba, kosalela mabe makabo na molimo, libala, Elambo Esantu, 'bilei mibonzami na bikeko', mpe lisekwa. Na bongo, soki tokososolaka malamu buku yango na 1 Bakolinti, ekozala lisungi monene kati na bomoi na biso kati na Christu mpe tokokoka kobika bomoi epambolama na kososolaka malamu mokano na Nzambe.

Chapitre 8

BILOKO MIBONZAMI NA BIKEKO

Nini Yango Bilei Mibonzami na Bikeko?

Limbola na Molimo na 'Kolia te Bilei Mibonzami na Bikeko'

Biloko Nioso Bizali Ya Nzambe

Soki Ekokoba Biso Kosumuka Kati na Koyena Ete Ezali Lisumu…

Nini Esengeli Kosalema na Biloko oyo Mibonzami na Bikeko?

Nini Ezali Biloko Mibonzami na Bikeko?

Na likambo na bilei bisili kopepesamela bikeko, toyebi ete biso nioso tozali na mayele! Mayele Ekovimbisaka moto na lolendo nde bolingo ekolendisaka. (8:1)

Bato mingi bakanisaka ete bayebi mpona yango elakisi na 'bilei bisili kopesama na bikeko', kasi solo mingi te kati na bango bayebi mpona yango te. Bakanisaka kaka ete bilei mibonzama na bikeko izali oyo ikopesama na etumbelo na bikeko na tango bazali kongumbamela yango.

Kasi awa nkombo na 'ekkeko' elakisi te kaka bikeko na lolenge oyo te.

Kati na Chapitre 14 na Baloma elobeli biso mpona bilei mibonzami na bikeko oyo ikoki koliama na kozanga komituna mituna 'mpona kosimbama na moto kati na motema'. Elobeli mpe na biso ete tokoki kolia eloko nioso kati na kondima. Kasi, kati na Misala 15:20 mpe 29, mpe kati na Misala 21:25 elobi na biso tomipekisa mpe tomibatela na makambo mana mpe tolia te biloko mibonzami na bikeko. Boye nini esengeli na biso kosala?

Tosengeli kososola nini'bilei mipesami na bikeko' ilakisi mpona situation moko na moko.

Misala 15:20 elobi ete, "...kasi kotindela bango mokanda ete baboya mbindo na bikeko, na ekobo, na banyama bakamolami, na makila." Misala 15:29 elobi ete, "...ete boboya biloko bipesameli bikeko, na makila, na banyama bakamolami, na ekobo..."

Lisusu, Misala 21:25 elobi ete, "Nde, mpona bapagano oyo nioso basili kondima, biso toyebisaki bango ekateli na biso ete baboya biloko bipesami na bikeko, na makila, na banyama bakamolami, na ekobo."

Kati na tango na Kondimana na Kala, Bayuda batikala kolia nyama moko te oyo azalaki mbindo na miso na Nzambe. Kasi na ekeke na Kondimana na Sika, bayekoli na Yesu bandimaki ete bandimi na bikolo na bapaya bango kati na Yesu bakokai kolia banyama na lolenge eye. Kolandisama na Mobeko bango nioso bakokaki kolia yango te, kasi elingaki kozala pasi mpona bapagano bango bandimela Yesu Christu ete bazala na mozito na lolenge oyo.

Lisanga na ba ntoma ezwaki mokano ete Bapagano bakokaki kolia ba nyama na mbindo, kasi bapekisaki biloko minei mpenza mpenza. Yango ezali ete: bilei mibonzamaki na bikeko, makila, ba nyama bakamolaki kingo, mpe ekobo (Misala 21:25).

Bapekisaki makila mpo ete makila ezali bomoi. Genese 9:4 elobi ete, "Nde bokolia mosuni te, oyo ezali na bomoi kati na yango, yango ezali na makila na yango.."

Bongo nini mpona oyo etali ba nyama bakamolami kingo? Ezali kolobela mpona ba imbwa mpe ba nyama na lolenge moko oyo na tango bazalaki kobomama ezalaki kosalema na kokamolama kingo. Longwa na tango na kalakala, ba imbbwa bazalaki ba nyama oyo bazalaki pembeni makasi na bato. Mpo ete ba nyama yango bazalaki na lisangana, babatelaki mpe kotala ba nkolo na bango bazalaki na mua bososoli na mitema na bakolo na yango mpe bizaleli. Mpona yango etalisi ete yango ekozala malamu te mpona kolia ban yama na lolenge oyo. Boye, yango tina ezali kobetisa sete été ba mbwa mpe ban yama na lolenge moko basengeli te kobomama mpe koliama na bakolo na bango.

Ekobo emonani polele likambo na nsoni, nde bana na Nzambe bango oyo basengeli kozala bulee basengeli te kosala ekobo.

Sasaipi, nini yango ezali bilei mibonzameli bikeko, yango ntoma Paulo andimaki te ete eliama ata mpona bapagano? Ekeko ezali eloko to mpe elilingi na kongumbamela eye esalemi na moto, to mpe biloko na mokili eye ekelami na moto te lokola moi, sanza, mpe minzoto. Biloko oyo bato bangumbameli lokola bonzambe mizali mana oyo tobengi 'bilei mipesami na bikeko'.

Kasi ata biloko mana nioso mipesami mpe na Nzambe. Ndakisa, ba mbuma eye bato bakobonzelaka bikeko mizali mpe yango oyo Nzambe Apesaka na biso. Na boye, tokoki kolia yango, nde yango tina Biblia elobeli na biso kati na 1 Bakolinti 10:27 ete tokoki kolia yango, kasi 'soki motuna etunami mpona yango te' mpona komibetisa libaku te.

Limbola na Molimo mpona 'Kolia te Bilei Mipesami na Bikeko'

Bilei mipesami na bikeko kati na eteni oyo izali mpe na limbola na molimo. 'Ekeko' elakisi na molimo eloko oyo tokolingaka koleka Nzambe. Soki moto moko akolingaka misolo koleka Nzambe mpe akoyaka na lingomba te mpe akoyaka na mayangani na mikolo na Eyenga te mpo ete asengeli na koluka misolo mingi, nde bongo mosolo ekozala ekeko na ye.

Mpo ete amatisi mosolo lokola ekeko na ye, atosi te Liloba

na Nzambe.

Ezali lolenge moko na moto oyo amitie mosika na lingomba likolo na kobeta masano na mbongo to mpe na kosalaka ekobo. Soki solo tokolingaka Nzambe, nde tokosalaka makambo na lolenge oyo te na koboya kobatela bulee Eyenga mpe na kobuka Liloba na Nzambe.

Lolenge na likolo, makambo nioso makotelemelaka Liloba na Nzambe mpe mabe na lolenge nioso imonani mpe lokola 'bilei mibonzami na bikeko; kati na eteni oyo. Nzambe Ayinaka bongumbameli na bikeko koleka nioso. Alobi été bozangi sembo, oyo ezali elokomoko kotelemela solo, emonani lokola bilei mibonzami na bikeko'.

Bongo, mpo nini kombo na kolia ebengami kati na makambo na molimo mpona kolimbola na molimo na 'bilei mibonzami na bikeko'?

Yoane 6:53 elobi ete, "Bongo, Yesu Alobi na bango ete, 'Solo, solo, Nazali koloba na bino ete, soko bokolia mosuni na Mwana na Moto te, mpe bokomela makila ma Ye te, bokozala na bomoi mpenza kati na bino te.'" Yoane 6:53 elobi ete, "Ngai, Nazali Lipa na bomoi." Biblia esaleli liloba na 'kolia' mpe na 'komela' mpona koyoka mpe na koyekola Liloba na solo, kobatela yango na ba bongo na biso, mpe na kosalela yango.

Yango ntina basaleli nkombo na kolia mpona kozanga boyengebene, mpe Nzambe Alobi na biso ete tolia te bilei mibonzameli na bikeko kasi tobwaka yango na libanda.

Koleka na lolenge tososoli nini bilei mibonzameli bikeko mizali, nde mozindo na solo mpe tokokoma na yango. Ebele na Liloba na Nzambe mpe na solo ekoyekola biso, mingi mpe ekoyeba biso mpna mabe mpe bozangi boyengebene. Kasi na eteni oyo elobi ete boyebi ememaka lolendo. Boye, ezali mabe na koyeba nini bilei mibonzami na bikeko mizali? Bongo, solo te! Tokoki kokima yango kaka na tango eyebi biso malamu mpenza nini yango ezali.

Awa, 'mayebi' etalisi makambo mayekolami mpe matiami kati na ba bongo na biso. Soki ekoyebaka biso kaka solo kati na bongo, ekokomisa biso baton a lolendo. Bongo, sasaipi, nini esengeli na biso kosala?

Biblia elobeli na biso ete toyekolaka kaka te mpe totia solo na pamba kati na ba bongo na biso te kasi 'tolia yango. Esode chapitre 12 elobeli na biso ete tosengeli na kolia mwana na mpate etumbami na moto, mpe tosengeli na kolia moto na yango, makolo, misopo, mpe biloko nioso. Na molimo mpate elakisi Yesu, Ye oyo Azali mpe Liloba na Nzambe.

Bongo, elakisi ete na lolenge na molimo tosengeli 'kolia' ba buku 66 kati na Bilia mobimba. Lolenge moko ekoki na biso kokoba na kobika bomoi na biso kaka na tango toile bilei, tokoki mpe kokoba na kobika na molimo kaka na tango oyo tokokitisaka Liloba na Nzambe kati na motema na biso. Tosengeli te kaka kobomba Liloba na Nzambe lokola mayebi. Tosengeli kokitisa yango na Libumu.

Ba oyo bazali na Liloba na Nzambe kati na motema na bango na lolenge oyo lokola lipa na molimo bakobatelaka yango na momesano, mpe bakoki te kokoma baton a lolendo. Bakotosaka Liloba na Nzambe koloba na bango ete bamikitisaka mpe basalelaka basusu, nde bongo bango bakokoma baton a lolendo te.

Bango oyo bazindi na mozindo na bipate kati na molimo bakokitisa mito na bango. Bakokoma baton a komikitisa mpe na kimia, mpe bazali na bolingo na molimo eye etalisami kati na 1 Bakolinti 13. Bato oyo bakotalisa boboto mpona kondima mpe na koyambba basusu. Bolingo na molimo elendisaka mpo ete yango epesaka esengo, bomoi, mpe elikia epai na bato misusu.

Soko moto abanzi ete ayebi likambo, ayebi naino pelamoko ekoki na ye koyeba solo te... (8:2)

Soki bato bayekoli eloko, nde bongo bango bakokanisa ete bayebi eloko. Lolenge bana na kelasi bakendaka longwa na primaire koleka na kelasi na segondaire mpe suka suka kokota na institut superieur mpona kobakisa ata na koleka na mayebi na bango, bakokanisaka ete bango bayebi mua mingi na koleka mpona ebele na makambo. Kasi na lolenge ekozwaka bango maplome na institut superieure, ekokoma pasi mpona kokoma mokolo kati na koyeba kaka eloko songolo.

Ata soki bango bakosala ebele na kolukaluka kati na laboratoire, bango bakozalaka kaka na ebele na kokamwa mpona kososola ete mokili na mayebi ezali na suka te. Bango bakoyoka ete oyo eyebi bango ezali solo eloko moko te.

Soki solo tososoli nini bilei mipesami na bikeko ilakisi, mpe nini kozanga sembo mpe masumu mizali, nde bongo tokokoka kozwa eyano kaka na kozalaka na mposa na eloko kati na mitema na biso. Na ngambo mosusu, soki tokoki te, ekoki kolakisa ete toyebi yango, kasi solosolo toyebi yango te.

Bango oyo bayebi kka solo te, kasi bazali mpe kososola mpe kosalela yango bakoyoka solo monene na Nzambe, mpe na lolenge ekokende bango na mozinzo kati na mokili na molimo, bakomona boni kozanga suka yango ezali. Soki tolongoli mabe na lolenge nioso mpe totondisi mitema na biso mpenza mpenza na solo, tolobelaka esika oyo lokola 'molimo ekoka'.

Na tango kondima na biso ekoli mpona kokoma na esika na molimo ekoka, nde bongo tokoki komona ete ezali kokokisa eloko. Kasi solosolo, esika wana ezali kaka ebandeli kati na molimo. Ata kati na mokili oyo, bato babandeka nde koyekola mpenza mpenza mpona eloko na tango bango bazwa PHD na bango. Lolenge moko mpe, na tango ekoti biso kati na molimo na kokoka, tokokoka kosalela makambo nioso mayekolaki biso kino na kokoma na esika wana, yango na makambo nioso na bomoi na biso. Tokozwa biyano na mabondeli mpe na baposa na biso, mpe tokozinda ata makasi koleka kati na molimo.

Tokoki kosilisa kokoso nioso na mathematique soki tokoki kosalela formule na lolenge nioso. Ezali mpe na dimension eye ezanga suka na tango ezali biso kosalela ba buku 66 kati na Biblia. Na koleka ekoyeba biso dimension yango, mingi mpe ekososola biso été toyebi kaka moke na yango. Toyebi été tososolaka kaka ndambo moke na motema na Nzambe Ye oyo Akambaka mpe Ayambaka ba likolo nioso mizanga suka mpe mokili mpe biloko nioso kati na yango. Bongo, tokoki kaka komikitisa mpenza liboso na Ye.

Kasi tozali ata na esika oyo te. Na tango oyo tozali ata kosalela ba mibeko mike na Nzambe te kasi tokolobaka ete toyebi eloko, yango ezali lolendo. Soki solo toyebi solo, tokosalela kaka Liloba. Tokolongola koyina, likunia, zua, makanisi na ekobo, mpe lokuta, mpe tokombongwana mpona kozala na motema kitoko eye ekokani na oyo ya Nzambe. Tokokoma bato bamikitisa bango oyo basalelaka mpe batosaka basusu.

...nde, ye oyo alingi Nzambe, ayebani na Ye. (8:3)

Eteni oyo ezali kaka lolenge moko na Masese 8:17 yango elobi ete, "Nalingami na bango oyo balingaka Ngai; baoyo balukaka Ngai bakutanaka na Ngai." Lolenge yango ekomami kati na Yoane 14:15 ete, "Soko bolingi Ngai; bokotosa malako na Ngai," kolinga Nzambe ezali kobatela mibeko ma Ye.

Tokoki kososola motema mpe mokano na Nzambe na

lolenge ezali biso kobatela Mibeko ma Ye. Tokozala na makoki na kosolola na Ye mpo ete tozali kolanda motema mpe mokano na Ye. Tokoki kososola na Nzambe na lolenge ezali biso kolanda mokano na Ye. Mingi mingi, tokoyebana epai na Ye.

Biloko Nioso Mizali na Nzambe

> Na likambo na kolia bilei mipesami na bikeko, toyebi ete ekkeko ezali eloko na solo kati na mokili te, mpe ete Nzambe mosusu Azali te, bobele Ye moko. (8:4)

'Kolia bilei mipesami na bikeko elakisi ete tozali kosala makambo na sembo te, mabe, mpe lisumu; mpe biso tozali kolongola yango te. Liboso na biso koyeba solo na Nzambe, tosengelaki solo kolia bilei mioesami na bikeko. Na tango wana, tozalaki mpe komimona baton a lokumu na tango ezalaki biso kolia bilei mibonzami na bikeko.

Kati na mokili oyo, bato misusu bakolobaka ete tozali baton a bolema soki tokoki ata koloba lokuta na moke te. Bato bakoyebaka biso kaka soki tozali komitalisa mpe komimatisaka.

Kasi na tango eyaki biso liboso na Nzambe mpe tososoli solo, tososoli ete bilei mipesami na bikeko mizali eloko te. Mikotelemisaka biso te. Lolenge Nzambe Alobaki ete nioso ekosalaka bison a nse na moi ezali pamba, tososoli ete bozwi, koyebana, bokonzi kati na bato, mpe mayebi mizali nioso nse pamba mpe solo eloko te.

Tokoyebaka ete ezali se na Nzambe moko. Ezalaka na ba ebele na babengami nzambe kati na mokili oyo, kasi ikoki te kopambola biso to kotambwisa biso kati na bokonzi na Lola. Kaka moko oyo Akoki kopesa na biso mapamboli mpe kosepela ezali se Nzambe Ye moko. Soki tokososola yango, bilei mibonzami na bikeko mizali eloko te, nde boye tosengeli na kolongola yango.

Mpo ete ata biloko bibiangami banzambe bizali kati na lola mpe nan se mpe banzambe yango bazali mingi mpe bankolo bazali mingi, kasi mpo na biso Nzambe moko Azali, Ye Tata; biloko nioso bizalisami na Ye, biso mpe tozali uta na Ye. Mpe Nkolo moko Azali, Ye Yesu Christu; biloko nioso bizalisamaki na ntina na Ye. Biso mpe tozali na ntina na Ye. (8:5-6)

Ezali na bato misusu oyo bangumbamelaka moi, sanza, la Grande Ours; Les Pôles, mpe milimo misusu lokola bikeko. Kasi mizali ata na bomoi te. Mikoki soko kobikisa soko koyanola biso.

Habakuku 2:18-20 elobi ete, "Ekeko ezali na litomba nini wana mosali na yango abongisi yango, elilingi na ebende, molakisi na lokuta? Mpo ete mosali ataleli mosala na ye moko wana esali ye bikeko bimimi. Mawa epai na ye oyo alobi na eloko na nzete ete, 'lamuka!' na libanga emimi ete, telema! Oyo ekolakisa nde? Tala, epakolami na wolo mpe na palata mpe mpema ezali kati na yango te. Kasi YAWE Azali kati na ndako na Ye na bulee, tika ete mokili mobimba bazala nye liboso na Ye."

Bililingi mizalaka na bomoi kati na yango te. Kaka Nzambe nde Azali na Bomoi; Alobelaka bison a mongongo na Ye, kati na ba ndoto to mimoniseli, mpe Ayanolaka biso. Nzambe oyo Akelaka biloko nioso. Yango ntina biso tozali mpona Ye; tosalelaka Ye mpe tosanjolaka Ye.

Nzambe Akelaka biloko nioso, mpe Akelaka yango na nzela na Yesu Christu. Yoane 1:3 elobi ete, "Biloko nioso mizalisami na Ye, mpe soko na Ye te, eloko moko ezalisami te." Lokola ekomama, biloko nioso mikelama na nzela na Yesu Christu. Lisusu, biso tokomi bana na Nzambe na nzela na Yesu Christu, nde yango biso tozali kati na Yesu Christu.

...Soki Ekokoba Biso Kosumuka na Koyebaka ete Ezali Lisumu...

Nde bato nioso bazali na boyebi oyo te. Bamosusu basili komesaa na bikeko mpe bakoliaka bilei bisili kopesamela bikeko mpe awa ezali ekaniselo na bango na bolembu, yango ebebisami. (8:7)

'Boyebi oyo' elobeli mokano na Nzambe, yango ezali Liloba na solo kati na ba buku 66 na Biblia. Badimeli sika, bango oyo bazali na kondima te, to mpe bango oyo bazali na kondima kasi basosoli solo mokano na Nzmabe te bazali mpenza na boyebi oyo malamu te.

Tokoki kososola soko to mpe te eloko ezali mokano na Nzambe, to mpe soki ezali solo to mpe solo te, kaka na tango kondima na biso ekoli na esika na likolo. Bato bazalaka na kokesana kati na bitape na bango kati na kondima; basusu kati na bango bazali na boyebi oyo te, basusu bazali na ndambu, nde basusu mpe bazali na ebele. Ata soki bayebi, bayebi kaka eteni, kasi nioso te. Yango tina eteni elobi ete, 'bango nioso bazali na boyebi oyo te'.

Awa 'bamosusu' etalisi bango oyo bazali na kondima moko te to kondima moke. 'bazali komesana na bikeko' elakisi ete bamesanaka na masumu, bozangi sembo, mpe na mabe liboso na bango koyaka kati na solo.

Ata kati na bandimi, bandimi misusu na sika to mpe bango oyo babikaka te kati na solo kasi bakobi na kokosa, basilikaka, bayibaka, to mpe bakosalaka ekobo. Bakolinga kotika makambo mana kasi bakoki te, nde bazali na konyokwama kati na motema.

Toloba ete moto moko ye oyo asili kosala ekobo ayei na mayangani mpe ayoki liteya kolobelaka mpona ekobo. Amiyoki soni nde akoki ata kotala na elongi na moteyi te katikati na mateya, nde ye akoki ata kobanda na konimba. Paulo alobaki ete ekaniselo na bango ebebisamaki mpo ete bakobaki na kolia bilei mipesamaki na bikeko na koyebaka ete bango basengelaki te.

1 Yoane 3:21-22 elobi ete, "Balingami, soko mitema na biso mikokweisaka biso te, tozali na molende liboso na Nzambe mpe soko tokolomba eloko nini, tokozua yango epai na Ye mpo ete tokokokisa malako na Ye mpe tokosalaka makambo mazali malamu na miso na Ye."

Bango oyo bakobatelaka mibeko na Nzambe mpe babikaa kati na Liloba na Ye bazali na makasi. Bongo, bakoki kosenga na eloko soko nini na molende, mpe bango bazwaka biyano na Nzambe mpona makambo nioso ezali bango kosenga. Tokoki kozala na molende oyo na tango ezali biso kobatela mibeko na Nzambe, kasi ekaniseli na biso ekobebisama soko ekolia biso bilei mipesameli na bikeko na tango toyebi yango.

Nini esengeli kosalema na Bilei Mipesameli na Bikeko?

Bilei ikoingisa biso epai na Nzambe te. Soko tokili, tozongi na nsima te, soko tolei toleki na liboso te. (8:8)

Nzambe Azali Mokeli mpe biso tozali kaka biloko na Kokela na Ye. Nioso na mokili, ata biloko nioso ekoki na biso kolia, mikelamaki mpe na Nzambe. Lisusu, biloko nioso mikelamaki mpona biso, mpona bato. Nde bongo bilei ekokotisa biso kati na Nzambe te to mpe kosunga biso kati na kondima na biso.

Bango oyo basila kozala kati na bosolo bazangaka eloko moko tea ta soki bakoliaka bilei mipesamaki na bikeko te. Kasi ezali na bato kati na mokili bakokanisaka ete basengeli na kolia bilei eye. Yango tina basusu balobaka ete ezali na komisepelisa moko ten a kozalaka Mokristu mpo ete tosengeli kotika makaya mpe masanga.

Bango oyo bameseneke na kobinaka bakoyoka esengo ten a tango bakoki kobina te. Ba oyo balingaka kobeta masano na misolo, kobeta golfe, koloba mbisi, to mpe makambo misusu na bisengo na mokili, bango bakokaknisaka ete bazali na esengo moko te soki batiki kosala yango. Kasi na lolenge ezali biso bandimi tozalaka na esengo na solosolo mpe tobikaka kati na kosepela mpe na kopesaka matondi na tango totondisami na Molimo Mosantu, ata soki tosepeli masano na mokili te.

Lisusu, bango oyo bafandi kati na solo bakoyokaka yango esengo te mpona kozwa bisengo na mokili. Bango bayebi ete ezali kaka makambo na ntina te mpe ekosilaka. Biloko na lolenge oyo mikoki mpe te komema bison a nazela na bomoi na seko, mpe yango ntina Biblia elobeli na biso ete tolia mpe tomela kaka Liloba na Nzambe.

Yoane 6:53 elobi ete, "Bongo Yesu Alobi na bango ete, 'Solo solo Nazali koloba na bino ete, soko bokolia mosuni na Mwana na moto te mpe bokomela makila na Ye te, bokozala na bomoi mpenza kati na bino te.'"

Lisusu, kati na Esode chapitre 12, elobi na biso ete tolia mpate na mobimba na yango. Yango elakisi été tosengeli kolia Mpate, Yesu Christu Ye oyo Azali Liloba kati na ba buku 66 kati na Biblia, na mobimba na yango. Boye, bokozwa bomoi na solo mpe kosepela na molimo.

Bokeba ete bonsomi oyo na bino bozala libaku epai na baton a bolembu te. Pamba te, soko moto akomona yo, moyebi, été ofandi na mesa kati na tempelo na ekeko, ye akomekama te etealia bilei bisili kopesamela ekeko ? (8:9-10)

'Yo' awa etalisi bango oyo basosoli mokano na Nzambe mpe bayebi solo. 'Bato na bolembu' awa elakisi bato bandimeli sika to mpe bango oyo bazali na kondima makasi te, lolenge elobi eteni 7.

Toloba ete nakendaki na bar. Solo nakendaki kuna mpona kokutana na moto songolo mpe koteya ye Sango Malamu to mpe kopesa ye toli na molimo. Nakokende kuna te mpona komela masanga.

Kasi toloba ete mondimi mosusu ye oyo akobikaka kati na solo te

Tika ngai napesa bino ndakisa mosusu. Liboso na Ngai kondimela Nkolo nalingaka baduk, yango ezali (na monoko na mindele) Dane Chinois. Kasi natikala kobeta yango te wuta nafungola ndako na Nzambe mpo été nalingaki te kolekisa ngonga na ngai. Kasi sima na ngai kosilisa conference na basali, Nabetaka mbala moko elongo na mondimi na lingomba na tango na kopema. Kasi nakokaki te kobeta yango liboso na bandimi na sika to mpe na bango bazalaki na kondima moke.

Soki bango oyo bazalaki na kondima na moke bamonaki yango, balingaki kobeta baduk kino na kobanda kokima mabondeli to mpe mayangani na Eyenga. Na bongo, bango oyo bazali na kondima basengeli na kokeba été bonsomi na bango ekoma libaku mpona bango oyo bazali na makasi te.

Bongo, mpona boyebi nay o, moto oyo na bolembu akobeba nye, ye ndeko oyo Kristu Akufelaki ye. Boye awa ekosalelaka bino bandeko na bino masumu mpe ekozokisaka bino lisosoli na bango bizali na bolembu, bozali kosalela Kristu masumu. Bongo, soko bilei bizali libaku epai na ndeko na ngai, ngai nakolia mosuni lisusu soko moke te ete nabetisa ndeko na ngai libaku te. (8:11-13)

Tokoki kosala eloko mpo ete tozali na boyebi na mokano na Nzambe, kasi likolo na esaleli na biso moto ye oyo azali na kondima makasi te akweisami. Yango elakisi lokola lifuti na misala na biso ye asumuki. Azali mpe ndeko. Yesu mpe Akufelaki ye na ekulusu. Na bongo, moko ten a ba ndeko na biso asengeli kokweya likolo na biso.

Soki ndeko asumuki likolo na biso, ezali lolenge moko na biso kosumuka. Nkolo Amikabaki mbeka na ekulusu mpona biso, kasi mpo ete ndeko mosusu asumuki likolo na biso, ezali lolenge moko na biso mpe kosala lisumu mpona Kristu.

Eteni 13 elobi ete, "Bongo soko bilei bizali libaku epai na ndeko na ngai, ngai nakolia mosuni lisusu soko moke te ete nabetisa ndeko na ngai libaku te."

Paulo azalaki na kondima na kolia bilei mibonzamaki na bikeko. Kasi soki yango ezalaki kobetisa ndeko mosusu libaku, Paulo alobi ete, alingaki te kolia lisusu soko moke te mosuni. Alingaki te koluka bolamu na ye moko.

Tika ngai napesa na bino ndakisa. Ata bilei eye ebonzameli bikeko ezali bilei epesama na Nzambe. Ezali lisumu te soki tolei na kondima eloko na motindo oyo. Kasi toloba été moto oyo azali na kondima moke amoni yango mpe alei elongo na bango mpe lokola. Ski kati na bongo na ye akomona été yango ezali lisumu kolia bilei mipesamelaki bikeko, nde, ekokoma solo lisumu. Na bongo, tosengeli te kolia yango mpona bolamu na moto oyo mosusu.

Sasaipi, nini soki ezali bison a esika wapi bandeko na libota na biso to mpe baninga na mosala bazali kopesa mbeka na bikeko?

Tosengeli soko moke te kongumbama to mpe komikotisa na mayangani yangi. Kasi mpo ete tozali na esika yango tokoki kaka kotelema mpe kopesa mabondeli na biso epai na Nzambe. Ba mbeka na lolenge yango endimama na milimo mabe, nde bongo, ezali malamu ten a kokitisa ata mito na biso.

Tokoki kaka kokanga miso na biso na malembe mpe tobondela lolenge eye, "Nzambe, bengana moyini zabolo mpe Satana na libota oyo mpe tika ete libota oyo eteyama."

Ezali malamu koleka ete tolia te bilei oyo ezalaki na mesa na kopesaka mbeka na bikeko to mpe milimo, kasi soki esengeli na biso kolia biloko yango, tokoki kolia na kondima. Soki bandeko kati na libota bakosilika mpo ete tolei yango elongo na bango te, ekozala pasi mpona koteya bango Sango Malamu soki kimia elongwe kati na libota.

Ekoki kozala na situation na kokesana. Toloba ete bolingi kolia bilei oyo na kondima, kasi moto moko azali koloba na bino ete ezali bilei babonzelaki bikeko. Boye bosengeli te kolia yango. Moto wana apesi na bino sango mpo ete akanisi bosengeli soko te kolia yango. Boye bosengeli te kolia mpona ye.

Na lolenge oyo, tosengeli koluka bolamu na basusu kasi te

kotika ndeko mosusu asumuka, ata soki tosengeli biso moko komikaba mbeka. Mpona kosala yango, tosengeli kokoma moto na molimo mpe toingela kati na pole.

Chapitre 9

NZELA NA NTOMA

Ye Asalelaki te Bokonzi na Ye na Ntoma

Ateyaki Sango Malamu na Kosenga Misolo te

Amikomisaki Moumbu Mpona Bato Nioso

Mpona Kolonga, Pota Mbangu Lolenge na Ntoma!

Ye Asalelaki Bokonzi na Bantoma te

Ngai nsomi te? Ngai ntoma te? Namoni Yesu Nkolo na biso te? Bino bozali mosala na ngai kati na Nkolo te? (9:1)

Nzambe Apesaki makoki na kopona epai na bato. Nzambe Apesaki makoki na kopona epai na Adamu mpona kolia to mpe alia te mbuma na nzete na boyebi na malamu mpe na mabe, kasi kasi Ye Abetisaki solo sete ete Adamu alingaki kokufa solo soki aliaki yango. Ezali kati na bonsomi moko wana nde tosengeli kondimela Nzambe to mpe te.

Ntoma Paulo ye oyo azalaki mpe moto na nsomi. Azalaki na makoki na kopona soki kosalela Nzambe to mpe te. Azalaki na bonsomi na kolia to mpe na komela.

Na tango ezalaki ye nsomi ngonga moko mpe Paulo azalaki ntoma. Ntoma azali mosali na Nzambe ye oyo alandaka mpenza mokano na Nzambe, atosaka kino kufa, mpe Apesaka nkembo epai na Ye na kotatolaka ete Nzambe Azali na bomoi.

Mpo ete Nzambe Azali na ntoma oyo lokola Paulo, ezalaka na bilembo misengeli kolandisama na bango lolenge elimbolami kati na Malako 16.

Mosali na Nzambe Asengeli na kobengama ntoma na tango azali kopesa mkembo na Nzambe na nzela na bilembo mpe bikamwiseli mpe akotambwisaka bam pate kati na kondima na solosolo mpe nzela na bomoi na seko. Ata soki Paulo akolobaka ete azali moto nsomi, azali mpe ntoma oyo akosalaka lolenge elingeli ye te.

Ntoma abikakak bomoi na kotambolaka elongo na Nzambe longwa ntango oyo akutanaka na Nkolo. Amonaka tango nioso loboko na Nzambe na nzela na mabondeli na ye mpe akozwaka biyano miuta epai na Ye. Asaleli liboba na ete, "Namoni Yesu Nkolo na biso te?" kolobelaka emoniseli na ye.

Ye azalaki moto nsomi. Kasi, mpo ete azalaki ntoma, asalaki kolandisama lolenge na ye moko te. Asalaki kaka kati na mokano na Nzambe mpe kati na solo. Ateyaki mpenza mpenza Sango Malamu mpe abotaki kati na molimo bandimi kati na lingomba na Bakolinti. Mpona yango, ye alobi ete, "Bino bozali mosala na ngai kati na Nkolo te?"

Ata nazali ntoma epai na bomususu te, nde nazali boye epai na bino. Pamba te bino bozali elembo na mosala na ngai na ntoma kati na Nkolo. (9:2)

Ntoma Paulo Apesaki Sango Malamu epai na bandimi na Kolinti, mpe na nzela na bilembo mpe na bikamwiseli amemaki bango ete bandimela Nzambe mpe bakende nzela na bomoi na seko. Alobi ete azali solo ntoma epai na bango mpo ete ye abotaki bango na nzela na Sango Malamu.

Kasi bango oyo bayebi Nzambe te bakoki te kobenga ye ntoma mpo ete bango bayebi te nani ntoma azali. Ata kati na bandimi wana, bato oyo bayebi solo malamu mingi te, to mpe bango oyo bazalaki bandimi na lingomba na bakolinti te bakoki komona yango ete azalaki ntoma epai na bango te. Tokoki kososola yango mpo ete ezalaki na basusu kati na bango oyo bazalaki kopanza ba sango na lokuta lokola, "Paulo apekisi bokatami na ngenga mpe asali malamu te mpona yango. Paulo azali mopengwisi."

Kasi kati na Kolinti, ntoma Paulo ye moko alonaki Liloba na Nzambe. Bongo, bandimi kuna basengelaki na kondima ete azalaki ntoma, yango kaka soki bafandisaki malamu Liloba na Nzambe. Paulo alobaki boyi na ntina na yango ete, "...bino bozali elembo na ntoma na ngai epai na Nkolo."

Oyo ezali ezongiseli na ngai epai na bango balingi kofunda ngai ete, 'Tozangi bokonzi na kolia mpe na komela? Tozangi nde bokonzi na kotambola na ndeko mwasi pelamoko bantoma mosusu mpe bandeko na Nkolo mpe Kefa? Soko nde ete bobele bison a Balanaba tozangi bokonzi na kotika mosala? (9:3-6)

Kaka kati na lingomba na Kolinti te kasi na bisika misusu mpe lokola, ezalaki na bato bango oyo bazalaki baton a zua mpona Paulo to mpe bayebaki solo malamu mpenza te. Bango bazalaki komeka komona mabe epai na ye na kolobaka makambo lokola, "Mpo nini Paulo abalaka te? Mpo nini akoliaka bilei na lolenge oyo mpe akoliaka wan ate? Mpo nini akotelemelaka bokatami na ngenga?"

Ata Yesu Azalaki na moyekoli lokola Yudasi Mokaliota. Ezalaki mpe na bango oyo bazalaki na zua mpona Paulo. Bango balingaki kondima ye tea ta soki azalaki kotalisa Nzambe na Bomoi na nzela na bilembo mpe na bikamwiseli, bakotiolaka ye. Paulo apesi limbola mpona baton a lolenge oyo.

Liloba na koloba 'Biso' esalelami kati na eteni 4 mpona kosangisa Balanaba mpe na basali basusu mpe lokola. Paulo mpe alobaki ete "Tozangi bokonzi na kolia mpe na komela?" Solo solo ye azalaki na bonsomi na kolia mpe na komela lolenge elingelaki ye.

Alobaki mpe été ezali te été ye azali na bokonzi te na kotambola na ndeko mwasi lolenge na bandeko misusu na Nkolo to Kefa, kasi ezalaki kaka été ye alingaki te kopona mwasi na eleko wana.

'Ba ntoma misusu' etalisi bayekoli zomi na mibale mpe na basusu oyo bakokaki kobengama ban toma. Bandeko na Nkolo etalisi bandeko na molongo na makila lokola 'Yakobo. Kefa ezali Petelo, « Libanga. » Paulo alobeli ye mpo été ye azali moto na ba zomi na mibale.

Kasi yango elingi te koloba été bango bazalaki kokende bipai na bipai mpona komisepelisaka elongo na basi na bango. Elingi kolakisi été bazalaki elongo na basi na bango kati na bilambo to mpe makutani misusu. Ntoma Paulo elongo na Balanaba bazalaki mpe na bokonzi oyo, kasi bango batikala kosalela yango te. Mpo nini bango basengelaki te na kozwa mua bopemi

Nzela na Ntoma 29

ngonga na ngonga ? Kasi basalaki na kopema te mpo été bango balingaki Nkolo mpe milimo.

Nani azali soda mpe akomifuta ye moko? Nani akokona elanga na miwiti mpe akozanga kolia mbuma na yango? Nani akobatela etonga mpe akozanga koleta mabele? Nazali nde koloba makambo yango awa ezali ngai moto? Mibeko ekolobaka yango te? Pamba te ekomami na Mobeko na Mose ete, 'Ekoki kokanga monoko na ngombe te wana ezali yango kopapola masango. Nzambe Akanisi mpona ngombe? Azali koloba bongo mpona biso mpenza te? Єє ekomami mpona biso ete motimoli mabele atimola na elikya, mpe mopapoli na masangu apapola na elikya mpona libonza. (9:7-10)

Biso moko tomipesaka bilei na biso moko te to mpe tosalelaka misolo na biso moko ten a tango tokoti kati na mosala na soda. Bosoda ekoleisa biso, kolatisa biso, mpe ekopesaka biso esika mpona kolala. Kasi Paulo akosala mosala na Nzambe na tango ezalaki ye komibikisa ye moko mpenza.

Tokolonaka miwiti kaka mpona kotalaka yango te. Tokonaka yango mpona kozwa ba mbuma na yango. Tokobokolaka etonga mpona kozwa miliki na yango, misuni, mpe suki na yango. Sasaipi, mpo nini Paulo azali kosalela masese mana?

Dutelonome 25:4 elobi ete, "Okokanga monoko na ngombe te, wana ezali yango kopapola masangu." Ngombe asalelami mpona kotimola, kopusa ebende na kobalola mabele, mpe kobongisa elanga. Boye, moloni oyoo azangi motema akoki kopekisa bango na mbala moko na konganga to mpe na kobeta yango.

Ngombe asalaka mpenza makasi mingi, mpe bango bakoliaka kaka moke na masangu to mpe na matiti. Soki nkolo na yango egangeli nyango mpona yango, basengeli koyoka lolenge moko na mabe. Kasi Liloba oyo epesameli biso, epai na bato nioso mpe yango emonani lokola mpona etonga na bangombe to mpe bam pate. Paulo azali kaka kopesa bna biso lisese na ngombe mpo ete bato bakoka na kososola.

Ba ntoma to mpe basali na Nkolo bateyaka Sango Malamu mpona kobikisa milimo mizali kokufa mpe mpona komema bango na nzela na bomoi na seko. Kasi, bakoki te kosala yango soki bazali kokufa nzala. Boye, basengeli na kokoba bomoi na bango. Elakisi ete basengeli na kolona eloko na molimo mpe babuka eloko na mosuni. Ata Kondimana na Kala elimboli likambo oyo.

Soko nde biso tokoni mboto na molimo kati na bino, ezali nde likambo monene soko tokobuka ndambo na biloko na nzoto? Soko bamosusu bazwi bokonzi boye likolo na bino, biso na koleka te? Kasi tokopusaka bokonzi yango te? Tokoyikelaka makambo nioso mpiko ete totia libaku na nzela na Sango Malamu na Kristo te. (9:11-12)

Ntoma Paulo mpe Balanaba balonaki eloko na molimo, Sango Malamu, kati na bandimi na lingomba na Bakolinti. Bamemaki bango mpona kotubela na ba nzela na bango na kufa mpo ete bandimela Nkolo mpe bakende na nzela na bomoi na seko. Yango tina ezalaki na eloko moko ten a mabe na kozwaka oyo ekokaki bango kosala mpe ezalaki na bosenga epai na bandimi na lingomba na Bakolinti.

Kasi yango elingi te kolakisa ete ntoma Paulo azwaki mpe biloko epai na bandimi.

Ata basali misusu na Nzambe bateyaka sango malamu mpe babikaki na biloko oyo bandimi bapesaki bango. Bongo, boniboni esengelaki mpona ntoma Paulo azwa biloko na mosuni epai na bandimi, mpo ete ye azali ye wana abandisaka lingomba kati na Kolinti mpe abotaki ebele na bampate na etonga na nzela na Sango Malamu!

Mpona kopekisa mobulu na koteya Sango Malamu, ntoma Paulo na Balanaba bandimaki nzela oyo te. Paulo alobelaki likambo oyo mpo ete esilaki kozala na likambo kati na lingomba mpona likambo oyo.

Ezali malamu, bongo mpe na kosengela mpona ntoma kozwa biloko misengela epai na etonga, kasi Paulo atikala te kosalela bokonzi yango soki yango ekokaki ata moko kati na etonga na kobeta libaku na kokanisaka ete, "Bongo esengeli na biso kopesaka mabonza eye?

Boyebi te ete basali kati na Tempelo bakolia bilei biuti na Tembpelo mpe boye baoyo bakosalaka epai na Etumbelo na mbeka bakozua likabo na Etumbelo?Bongo mpe Nkolo Alakaki ete baoyo bakosakolaka Nsango Malamu bazua bomoi na bilei biuti na Nsango Malamu. Nde ngai nakopusaka bokonzi oyo te.Nazali kokoma makambo oyo te ete ezala na ngai bongo. Pamba te eleki malamu ete nakufa naino! Moto te akolongolela ngai lokumu na ngai na likambo oyo. (9:13-15)

'Bango oyo bazali kosala kati na Tempelo' ezali bango oyo bamipesa tango nioso kati na lingomba. 'Baoyo bakosalaka epai na Etumbelo' ezali ba Pasteur, basali na Nzambe. Basali kati na lingomba basalaka mpona lingomba, nde esengeli kozala bongo ete bango bazwa lifuti biuti na biloko na Nzambe. Lisusu, basali na Nzambe, ba Pasteur bakosalelaka biloko miuti na Etumbelo. Makambo mana nioso malimbolami malamu mingi kati na mibeko na kopesaka ba mbeka kati na Kondimana na Kala.

Likambo moko wana elimbolami mpenza malamu mingi kati na Kondimana na Sika mpe lokola. Na tango ekendaki bayekoli na mobembo na bango na mosala na Nzambe, Yesu Alobelaki bango na Matai 10:9-10 ete, "Bokamata wolo te to palata te to motako kati na nkamba na bino te, to liboke mpo na mobembo te to bilamba mibale te to sapato te to lingenda te, pamba te mosali akoki mpona kozua bilei na ye."

Alobaki na bango ete bazala na wolo te, palate te, to motako, to ata bilamba mibale te nde kaka oyo ezalaki bango kolata. Bagalatia 6:6 elobi mpe ete, "Tika ete ye alakisami Liloba akabola biloko na ye nioso na malu na ye oyo akolakisaka ye."

Boye, ezali malamu ete bandimi bapesa bango oyo bazali koyekolisa bango na biloko na bango malamu; ete basalela ye mpe ye azwa epai na bango.

Paulo ayebaki motema na bato mpo ete azalaki koyoka malamu mingi mongongo na Molimo Mosantu. Bandimi kati na lingomba na Bakolinti bazalaki tango nioso na makambo mpe mimekano mpo ete bazalaki kobika kati na solo te. Yango tina Paulo alingaki te kozwa misolo to mpe bilei epai na bango.

Asalelaki te bokonzi na ye. Alingaki te koloba été ye alingaki kozwa eloko na tango elimbolaki ye makambo yango epai na bango. Yango tina na nguya nioso akokaki kolakisa bango Liloba na kolobaka été, "Pamba te eleki malamu été nakufa naino ! moto te akolongwela ngai lokumu na ngai na likambo oyo."

Kasi tosengeli mpe kososola likambo na eleko wana. Ntoma Paulo asalaki lolenge moko te na mangomba misusu. Na tango lingomba esungi ye na biloko kitoko kati na matondi mpe na esengo, bongo nde akondima yango. Kasi bandimi kati Kolinti bakomemaka kaka makambo kasi bakosalelaka bato te, nde bongo ye andimaki eloko moko te epai na bango.

Ateyaki Sango Malamu na Koluka Mosolo Moko te

Soko nazali kosakola Nsango Malamu, ezali na ngai likambo na komikumisa te. Napesami simbisi ete nasala boye; mawa na ngai soko Nakosakola Nsango Malamu te. (9:16)

Na tango tondimeli Nkolo mpe toyei na koyeba Nzambe, tosengeli koteya Sango Malamu epai na bazalani na biso mpona komema bango na Bokonzi na Lola; tosengeli kaka te kosepela ete tozali kokende na Lola. Kopalangisa Sango Malamu ezali mosala na biso; tozali na eloko moko ten a komikumisa mpona yango. Eloko tosengeli komikumisaka na yango ezali ba mbuma ezali bisi kozua na nzela na koteya.

Lolendo na biso ekozala eloko na kobikisa milimo na bato ebele, kotalisaka ebele na bilembo na Nzambe; kopesa solo malasi na Kristu epai na bapagano; kozwaka biyano na mabondeli mpe kopesaka nkembo epai na Nzambe. Koteya Sango Malamu ezali mosala epesameli na bandimi nioso.

Paulo alobaka ete, "Mawa na ngai soki nakosakola Nsango Malamu te." Mawa oyo ezali na ba limbola mibale.

Yambo, ezali mawa mpo ete toyebi nini bolamu ezali kasi tozali kosalela yango te. Toloba ete bandeko na biso mibali, bandeko na biso kati na libota, mpe bazalani na biso bazali kokweya kati na Lifelo, nde soki tozali koteya bango Sango Malamu te, ezali lolenge moko na kotalaka kaka bango oyo bazali kozinda.

Yakobo 4:17 elobi ete, "Na bongo, ye oyo ayebi kosala malamu nde akosalaka boye te, ezali na ye lisumu." Soki tozali koteya Sango Malamu, tokokoka te kosala eloko moko liboso na Nkolo na Mokolo na Kosambisama. Soki Atuni na biso esika wapi baboti na biso bazali, bandeko mibali, mpe bazalani, bongo lolenge nini tokokoka kotelemisa bilongi na biso?

Limbola mosusu ezali ete tondimela Nzambe kasi ata bongo tozali te koteya Sango Malamu. Ezali elembo solo ete tozali na kondima na solo te mpe ngolu. Ezali mpe elembo solo été tolingaka Nzambe te. Ezali mawa mpo été biso moko totalisi likambo yango. Nzambe Asepelaka na yango na tango tozali koteya Sango Malamu. Bongo,, soki tozali te koteya Sango Malamu, etalisi ete tosepeli kaka na lobiko na pamba; ezali kotalisa solo ete totondisama na Molimo te.

Pamba te soki nakosala likambo oyo na mokano na ngai mpenza nakozua libonza; nde soki na mokano na ngai mpenza te, napesameli lotomo mpe bongo, lifuti na ngai ekozala nini? Ezali bongo ete, awa ezali ngai kosakola napesa Sango Malamu mpamba, na lifuti te, bongo nasala kilikili na bokonzi na ngai kati na Sango Malmu te. (9:17-18)

Soki tokosala eloko mpona Bokonzi na Nzambe mpe topesi

nkembo epai na Nzambe na komikaba mbeka, tokozwaka kaka libonza na Lola te, kasi tokozwaka mpe mapamboli na mokili oyo.

Ata soki tozalaki mpenza na posa, Paulo azalaki na misala na ntoma, nde ezalaki lotomo mpona ye koteya Sango Malamu. Soki basali na Nkolo bakomilelaka mpona kofutama mpe mpona biloko epesamelami na bango, to mpe soki bakokoba na kotika misala na bango, ekozala malamu te.

Ezalaka ata na ba Pasteur misusu oyo bakondimaka mosala na bango na koteya na bisika na ba ngomba to mpe na bisanga mike na kokutanaka na mikakatano ebele mpo ete ezali mpenza mosala na motuya mopesami na Nzambe. Kasi soki tokotikaka kaka mosala na biso oyo epesamaki na Nzambe kaka mpo ete tozali na bakokoso na misolo to mpe makambo misusu na nzoto, lolenge kani tokokoka kotelema na Esambiselo na Suka liboso na Nzambe?

Paulo ateyaka Sango Malamu na Koluka misolo moko te. Yango tina akokaki koloba été asalelaki te bokonzi na ye na kozwa biloko mpe masengela na ye epai na bandimi.

Basusu balobaka été ba pasteurs to basali na mokolo mobimba kati na lingomba basalaka kaka mpona Nzambe nde bakozwa mabonza mingi. Kasi bazwaka lifuti na bango epai na Nzambe mpona mosala na bango kati na lingomba ezali mpenza bongo te.

Bongo, lolenge nini ekoki mpona bango kozwa libonza na Lola? Na tango bandimi kaka bakosalaka mpona Nzambe kati na tango na bango na kopema ekozala libonza na bango. Na lolenge moko, na tango ba pasteur bazali kosala makasi koleka oyo bafutami na yango, mpe na tango bazali komikaba mbeka mpe kobondela mingi, makambo mana makozala libonza na na bango na Lola.

Kasi soki bazali kosala te kolandisama na lolenge bango bafutami, nde, basengeli na pamela. Bakoki kozwa libonza kaka soki bakosalaka koleka oyo esengeli na bango kosala. Ntoma Paulo asalaka kaka mingi na koleka te, kasi asalelaki mpe bokonzi na ye te mpona kozwa oyo masengelaki mpona ye to mpe libiki na bandimi. Na bongo, yango mpe ezalaki mpe libonza na ye mpe lokola.

Nazalaki kosalela lingomba na tango ezalaki ngai na college na Theologie, mpe lingomba epesaki nagi lifuti moko te. Na tango ngai moko nabandisaka lingomba, Nzambe Apambolaka ngai mpona misala mana nioso esalaki ngai. Ata sima na kofungola lingomba na tango bandimi mingi na lingomba bazalaka naino te, Nzambe Apambolaka ngai na nzela na bandimi basusu.

Nafungolaka kaka lingomba na 7,000 won, yango ezalaki lokola kaka ba $ 7, kasi na tango tozalaki na mayangani na kofungola sima na ba sanza mibale, tozalaki na nioso tosengelaki na yango mpona lingomba lokola etumbelo mpe ba kiti mpe biloko misusu.

Koteya Sango Malamu ezali mosala na bana nioso na Nzambe, kaka mpona ba pasteurs te. Tosengeli na kozongisa motuya na makila na Nkolo. Tokokoka te kotombola mito na biso to mpe koloba eloko soki tokokisi te mosala oyo.

Amikomisaki Moumbo Mpona Bato Nioso

> Pamba tea ta nazali moumbo na moto moko te, nasili komiyeisa moumbo na banso ete nazua bato mingi. Epai na Bayuda nayei lokola Moyuda ete nazua Bayuda; epai na bango nan se na Mibeko nayei lokola moto nan se na Mibeko (ata nazali ngai moko nan se na Mibeko te) ete nazua bango nan se na Mibeko. (9:19-20)

Ntoma Paulo azalaki moto nsomi oyo akangamaki na moto moko te. Azali kutu na koleka mpo ete asosolaki solo mpe abikaki kati na solo, lolenge elobama kati na Yoane 8:32 ete, "mpe bokoyeba solo mpe solo ekosikola bino."

Liboso na biso koteleme likolo na libanga na kondima, tokoki koyoka ete solo ezalaki kofina biso. Tokoki kokanisa ete tokoki ten a kosala eloko nini elingi biso kosala nde ekokopesa pasi na bomoi na biso. Kasi na tango totelemi likolo na libanga na kondima, tokobatela solo kasi na lolenge na kopusama te kasi na momesano. Bongo, tokozwa biyano na mabondeli na biso nioso mpe na komilelaka, mpe tokotondisama na esengo mpe na kimia.

Tokopesa matondi mpona makambo nioso mpe na likambo nioso, mpe tokozala na bonsomi mpona eloko nioso. Kai Paulo alobi ete ye akomaki mosali mpona moto nioso mpona kobikisa milimo ebele na koleka.

Mpona kobikisa bazangi kondima, tosengeli na lolenge moko kofanda elongo na bango. Basusu bakolobaka ete tosengeli te kozala na lisangana soko elongo na bapagano, kasi yango ekoki te kozala solo. Lolenge nini tokoki kobikisa bango na tango tozali na boning to mpe lisangana moko te elongo na bango?

Bayuda bandimelaka Nzambe, kasi Yesu Christu te. Tosengeli mpe kokende epai na bango, kokutana na bango, mpe tolona Yesu Christu kati na bango mpo ete bakoka kozwa Molimo Mosantu mpe lobiko. Tosengeli kosala na bango.

Na eteni 20 elobi ete, " Bngo nan se na Mibeko." Awa, Mobeko elobeli te ba buku 66 na Biblia kasi Mobeko na Kondimana na Kala.

Bazalaki na komikaba mbeka na lolenge na lolenge mpe bango babatelaki yango makasi. Kasi kati na Kondimana na Sika, Yesu Akomi mbeka na kosikola mbala moko mpe libela, nde bongo, tokopesa ba mbeka na molimo mpe na bomoi esika na ba mbeka na Kondimana na Kala.

Ndakisa, Mobeko epekisa kolia ngolu (Lewitiko 11 :7-

8). Kasi kati na Kondimana na Sika, ezali mpenza motungisi te epai na Bapaya, ata soki solo ezali malamu koleka kobatela Mobeko (Misala 15 :28-29).

Kasi ebele na Bayuda bazali kobatela mpenza Mobeko na Kondimana na Kala, mpe bango bakopesaka mbeka na misala. Bango bamikotisaka te na mayangani na molimo.

Paulo azalaka na eloko moko te na bato na lolenge eye, kasi ye akomaka lokola Moyuda mpe atambolaki elongo na bango mpona koteya mpenz asolo mpe Yesu Christu. Kaka na lolenge mungwa esanganaka kati na biteni nioso na biloko mpona kopesa yango gout, Paulo akomaki lokola mungwa mpona bango.

...epai na bango bazangi Mibeko, nayei lokola moto oyo azangi Mibeko (ata nazangi Mibeko na Nzambe te, kasi nakangami na Mibeko na Kristu) ete nazua bango bazangi Mibeko. (9:21)

"Bango bazangi Mibeko" awa etalisi bandimela te oyo bayebi Nzambe te. Mobeko na Kondimana na Kala ezalaka kotalisa misala na libanda, nde bongo bango bazalaki na kokata ngenga. Kasi kati na Kondimana na Sika, tozali kaka na Mobeko na misala te kasi mpe lokola Mobeko na bolingo. Tokokataka ngenga na motema na biso mpona kopetola yango.

Ntoma Paulo abatelaki Mobeko mpo ete ye azalaki nan se na Mobeko na Yesu Christu. Kasi ye akomaka lokola moko na bango oyo bazalaki na Mobeko te mpona kososola, kondima, mpe kolinga bango mpona kokoma moninga na bango, mpo ete akoka koteya Yesu Christu epai na bango mpe atambwisa bango kati na pole mpe na lobiko.

Epai na baton a bolembu nayei lokola moto na bolembu ete nazua baton a bolembu. Nayei ndenge nioso epai na bato n a lolenge nioso ete na nzela nioso nabikisa bamosusu. Nazali kosala nioso mpona Sango Malamu ete nakoma mokabani na yango. (9:22-23)

Na kolobaka ete, "epai na baton a bolembu nayei lokola moto na bolembu," elakisi te ete tosengeli kokoma babeli mpe na kozanga makasi na lolenge ezali bango. Azali kolobela ezaleli na bison a lolenge oyo tokoki kokoma baninga na bango. Tosengeli kozala na motema na bango oyo bazali na malali mpe toteya Yesu Christu. Yango ezali kokoma mokabani na Sango Malamu.

Ndakisa, na tango ezali ngai kopesa toli na bandimi kati na lingomba, nakosalaka yango kolandisama na etape na bango kati na kondima. Na tango moto akoti na pasi na likama na mituka mpe ayei epai na ngai mpona kotuna motuna ete. "Moto mosusu wana eyei epai na ngai na koloba ete ye akoki kopesa ngai nkoto moko na dollar, yango ezali motuya na lopitalo. Kasi soki namemi ye na kosamba na bazuzi nakoki kozwa ba nkoto mibale na ba dolar. Nini esengeli na ngai kosala?"

Boye eyano na ngai ekokesana kolandisama na etape kati na kondima na moko na moko. Soki moto yango azali kaka na ebandeli na kondima, ezali lisumu ten a kokende na nzela na sembo, nde nakoki kaka koyanola ete ye akoki kaka kosala lolenge elingeli ye. Soki nalobi na ye ete azwa kaka mokama moko na ba dollar, ye akoki kokanisa ete, "Soki nayaka epai na ye te mpe nakendeke kaka na ndako na kosambisa na ba zuzi nalingaki kozwa mikama mibale na ba dollar. Kasi mpo ete Pasteur azali koloba boye, nakoki te nde kaka natosa. Ezali koboungisa na mokama moko na ba dollar mpona ngai."

Soki ye azali na mposa na kokoka te mpona kolanda toli mpe nakoboya kotosa na suka, nde na kala te Satana akosala mosala kati na ye, mpe ye akozala na kokoso. Nde, mpona bango oyo bazali na kondima na kokoka te, Nakoki kaka koloba na bango kati na bosolo kaka na tango bango bazali kosumuka te.

Kasi mpona bango oyo bazali koteleme likolo na libanga na kondima, Nakolobela na bango solo ete, "Okoki kaka kozwa mokama na ba dollar mpo ete yango ezali misolo misengeli mpona lopitalo na yo. Soki na sima ozali na kokoso mosusu, nde bongo okoki na sima kozwa lobiko kowuta na Nzambe na nzela na kondima."

Mpe soki moto yango azali ata na kondima na koleka oyo, Ngai nakoloba ete, "Tika yango kaka na maboko a Nzambe mpo ete Abikisa yo. Mokumbi wana asalaki mbeba, mpe mpo nini okolimbisa ye kaka ten a kozwa misolo moko te epai na ye?" Soki ye atosi toli oyo, akokoka komona bikamwa na Nzambe.

Solo Nzambe Akobikisa ye mpenza mpenza soki andimi. Na esika oyo, asengeli te kokende na lopitalo mpona kozwa lisungi na lipaso. Ye akopesa mpe malasi kitoko na Christu na misala malamu. Yango nde nzela eleki motuya.

Moto na moto azali na etape ekesana kati na kondima, etape ekesana kati na bolamu mpe mabe kati na bango. Tosengeli na kopesa bango toli kolandisama na bokeseni oyo. Tosengeli kopesa bango toli na komitiaka na esika na bango mpe na kolandisama na kondima na bango.

Mpona kosala oyo, tosengeli komona basusu malamu mingi koleka biso moko (Bafilipi 2:3). Soki moto mosusu azali na mayebi moke na koleka mpe ayekola mingi te, lolenge nini tokoki komona ye malamu koleka biso? Elingi te koloba ete tosengeli komona mayebi na bango malamu koleka oyo na biso. Elingi koloba ete tosengeli kososola bango na komitiaka na esika na bango. Bango mpe bazali bana na Nzambe mpe tosengeli kososola bango na mpona oyo bango bazali.

Soki moto moko azali mpenza na motema mokuse makasi, tosengeli kososola ye na lolenge ye azali mpe kondima ye. Soki tomitie kaka mosika na ye, yango mpe ekozala lolendo. Tokosengela kopesa ngolu epai na moto na lolenge oyo, tolona kondima kati na ye, mpe topesa na ye bolingo.

Ntoma Paulo mpe asalelaki moto moko na moko kolandisama na lolenge na moko na moko mpona kozwa mingi na bato. Tosengeli kolanda nfakisa na ye.

Mpona Kolonga, Pota Mbangu Lolenge na Ntoma !

Boyebi te ete bango bakomekana mbango na makolo, bakopota nioso nde bobele moko akozua libonza? Bopota mbangu ete bozwa na solo. Moto na moto oyo akomekama na masano akomiboya na makambo nioso. Bango bakosalaka bongo mpona kozwa motole mokobeba nde biso mpona yango ekobeba te (9:24-25)

Na masano na Jeux Olympique, ezalaka kaka na moto moko oyo azwaka medaille wolo. Paulo asengi na biso ete topota kati na masano mpona kozwa medaille na wolo, mpe lokola. Mpona kosala yango, tosengeli naino kokima na mbangu na momekano. Tosengeli komikotisa na Sango Malamu, mpe tosengeli kozwa medaille na wolo.

Tosilaki kobanda momekano na biso na kokima mbangu na ekuke na Lola. Esika na biso mpenz ana kokoma ezzali Yelusaleme na Sika esika wapi tokoki kozwa medaille na wolo, mingi mingi motole na wolo, mpe tosengeli nokinoki kokende esika yango.

Eteni 25 elobi ete, "Moto na moto oyo akomekana na masano akomiboya na makambo nioso." Ndakisa, mobeti makofi na masano akomikembisa ye mpenza makasi mpe akomipekisa na bilialia mpona kilo na ye. Ezali lolenge moko na biso.

Mpona kobondela mingi tosengeli kokitisa kotala TV; tosengeli komipekisa na bisengo na mokili to tomikaba na mosala na Nzambe. Tosengeli na komipekisa na kozwaka kanda. Lisusu, tosengeli kolongola masumu na esika na kotangisaka makila.

Kati na mokili oyo, ata soki moto moko akomi elombe mpe alongi medaille na wolo, yango ezali kaka mpona mokili oyo. Ekozalaka mpona libela te, mpe yango ezali na litomba moko te liboso na Nzambe. Nde bongo bango oyo bazali na kondima na solo koyokela bato na lolenge wana zua te.

Bango bakomikanga kati na makambo nioso mpona kozwa mintole na seko, lokola montole na wolo, montole na boyengebene, montole na bomoi, mpe montole eye ekobebaka te.

Mpo na ngai mpenza nazali kopota mpamba te, nazali kobundana na bibutu, lolenge na kobeta mopepe te; kasi nazali kobeta nzoto na ngai mpe nakomisa yango lokola moumbo ete nazala moboyami te awa esili ngai kosakwela bamosusu. (9:26-27)

Tozali na ekaneli na tango ezali biso kopota mbangu. Tozalaka na eloko ezali biso kokana to mpe nzela moko na tango ezali biso kopota mbangu na marathon. Soki bapoti babimi libanda na nzela yango, ata soki bapotaki makasi na lolenge nini ekozala solo na ntina moko te. Soki mobeti makofi akobetabeta mopepe, yango ezali nse pamba.

Lolenge moko, tosengeli kozala na ekaneli moko kati na solo. Matai 7:21 elobi ete, "Moto na moto oyo akolobaka na ngai Nkolo! Nkolo! Akoingela kati na Bokonzi na Likolo te, kasi ye oyo akosalaka mokano na Tata na Ngai na Likolo." Tosengeli kolanda mokano na Nzambe.

Soki tokolandaka mokano na Nzambe te tokoki te kokende kati na Lola. Lisusu, ata soki ekoki biso kosala makasi mingi mpona Nzambe, tokoki te kozwa medaille na wolo na kondima. Mosala lolenge nini Nzambe Alingeli biso? Yambo, Alingi biso tosala mpona ye kati na solo na kopetolaka mitema na biso.

Bamisusu basalaka misala na komikaba mpona Nzambe na kozalaka na mabe mingi kati na bango. Bamisusu mpe basalaka makasi na koleka kaka mpona komilakisa mpona misala na bango. Nzambe Akosepela na mosala na lolenge wan ate. Ata makasi na lolenge nini ekosalaka biso, soki tokosalaka yango na bosolo te, kimia ekolongwa; ekoyokisa Nzambe soni mpe ekozala kaka na bitumba mpe misala na Satana.

Na tango mwasi na ngai mpe ngai tozalaki kotambwisa ndako moke na bombongo liboso na ngai kobanda lingomba, ezalaki na moto moko oyo azalaka koteya mpenza Sango Malamu. Azalaki modefisi na misolo, mpe soki moto afutaki ye

Nzela na Ntoma 47

na ngonga esengelaki te, akotombola mongongo na ye na nzela mpe koloba makambo mabe. Bato bazalaki mpenza kotala ye pamba mpo ete monoko na ye ezalaki mpenza mabe.

Ata bongo ye azalaki koteya Sango Malamu na molende. Soki tobiki kati na lokuta lolege ebikaki ye, Nzambe Akoloba été, « Nayebi yo te » ata soki tokosalaka na molende mpona Bokonzi na Ye. Ekozala bongo été tolanda mokano na Nzambe.

Tosengeli koteya Sango Malamu na tango tobiki kati na solo. Soki moteyi akobika kati na masumu mpe mabe mpe alobela basusu ete bandimela Nzambe mpe babika kati na Liloba na Ye, ekoki kozala solo te. Paulo asila ata koloba ete azalaki kobeta nzoto na ye mpe ekoma lokola moumbu, mpo ete, sima na ye koteya basusu, ye moko abwakama te.

Chapitre 10

Bosalaka Nioso Mpona Nkembo na Nzambe

Bobatisama Kati na Lipata mpe Kati na Mai na Monana

Bana na Yisalele Babukamaki mpo ete Bazalaki Kosala kati na Mabe

Nzambe Apesaka Nzela na Kokima Mpona Momekano na Lolenge Nioso

Bokima Bongumbameli na Bikeko

Limbola na Bikeko Lolenge na Bonzoto

Bosalaka Makambo Nioso Mpona Nkembo na Nzambe

Bobatisama kati na Lipata mpe Kati na Mai na Monana

Bandeko nalingi boyeba ete bankoko na biso bazalaki nioso nan se na lipata mpe bango nioso balekaki main a monana; nioso mpe babatisamaki epai na Mose kati na lipata mpe nioso balekaki main a monana; (10:1-2)

'Bandeko' etalisi bana na Nzambe. Elakisi été Paulo alingi bango bayeba solo, mokano na Nzambe, mpe nini ye alingaki kolimbola na esika oyo.

Yambo, elobi été, 'bankoko na biso bazalaki nioso na nse na lipata mpe bango nioso balekaki mai na monana." Awa bankonko na biso ezali ban aya Yisalele na ekeke na Esode. Na tango babimaki na mboka na Ejipito, Nzambe Abatelaki bango na lipata na nkembo na moi mpe na butu na likonzi na moto.

Balekaki kati na Mai Monana Motane sima na bango kokima Ejipito. Nzambe Apesaki na bango mopepep na ebimelo na ntango mpona kokabola Mai Monana Motane, mpe bifelo misalemaki na ngambo na ngambo na mai. Lolenge

Nzambe Atindaki mopepe yango nokinoki mai ekokaki te kokweela bango. Nzambe asalaki nzela mpe bango bakatisaki kati na mai monana.

Sasaipi nini yango elingi koloba ete "Nioso mpe babatisamaki na Mose kati na lipata mpe nioso balekaki main a monana"? Mpo ete bango bautaki na Ejipito na kotambwisama na Mose, bana na Yisalele bazalaki na Mose. Lolenge eyebi biso, lipata epesaka mbula. Nde Paulo Alobaki ete "nioso babatisamaki kati na lipata mpe na mai monana" na kolobelaka ete bana na Yisalele bazalaki nan se na lipata nde sima balekaki kati na main a monana.

Tosengeli na kozwa libatisi na kozindisama kati na mai, kasi kati na ba mangomba mingi yango ekoki kosalema te. Boye, bango basalaka yango na moke na mai. Na lolenge moko Nzambe Amonaki bana na Yisalele lokola babatisamaki na tango ezalaki bango nan se na lipata mpe na tango bazalaki kokatisa mai monana. Na kobatisamaka na mai ezali elembo na kopetola masumu na biso mpe elembo ete moto abikisami.

...mpe nioso baliaki bilei na molimo na motindo moko; mpe nioso bamelaki main a molimo na motindo moko, pamba te bamelaki longwa na libanga na molimo libilaki bango, libanga yango ezalaki Kristu. (10:3-4)

Bilei oyo bana na Yisalele baliaki kati na lisobe ezalaki mana oyo epesamaki na Nzambe. Mana elonamaki na moto te. Nzambe Afungolaki bikuke na Lola mpe Apesaki yango na bango. Boye, ezalaki bilei na molimo. Lisusu, na tango bato balingaki mai, yango ebimaki na libanga tango Mose abetaki yango nzete. Mai epunjaki na nguya na Nzambe, mpe yango ezali bimeli na molimo.

Kondimana na Kala ezali elilingi, mpe Ye oyo na solo Yesu Christu, Amonani kati na Kondimana na Sika. Bileo na Molimo mpe bimeli na molimo, kati na Kondimana na Sika, elakisi nzoto mpe makila na Yesu Christu. Biblia ekokisi nzoto na Nkolo na 'Lipa na Bomoi' to mpe 'lipa ya Bomi ;.

Yesu Alobi kati na Yoane 6 :54-55 été, "Ye oyo akoliaka mosuni na Ngai mpe akomelaka makila na Ngai, azali na bomoi na seko mpe Ngai Nakosekwisa ye na mokolo na suka. Mpo été mosuni na Ngai ezali bilei na solo mpe makila na Ngai ezali bimeli na solo."

Paulo akobi na kolobaka ete, "pamba te bamelaki longwa na libanga na molimo libilaki bango." na tango bana na Yisalele bazalaki na mai te mpona komela kati na lisobe, bayimakiyimaki mpona Mose, mpe Mose abondelaki. Nzambe Alobelaki ye ete, "Tala Nakotelema liboso nay o na likolo na libanga epai na Holebe; okobeta libanga yango mpe mai ekobima na yango ete bato bamela" (Esode 17:6). Nde Mose asalaki bongo na miso na bampaka na Yisalele.

Mai ebimaki na libanga na tango Mose atosaki Liloba na Nzambe mpona kobeta libanga. Boye, bango bakokaki kobika. Libanga oyo ezalaki elembo na Yesu Christu. Komela euti na libanga oyo, Yesu Christu, elakisi ete biso tolei Liloba, yango ezali nzoto na Yesu Christu. Kaka bango oyo bakoliaka Liloba euti na ba buku 66 kati na Biblia, yango oyo euti na Yesu Christu, bakozwaka bomoi na seko. Tokoki te kozwa bomoi na seko soko tokoliaka te Liloba na solo, mosuni na Yesu Christu.

Nzambe Alobelaki Mose été abeta libanga kaka mpona kotalisa nguya na Ye. Libanga ezalaka makasi mpe yango embongwanaka te. Ezalaka na mkasi na komema biloko misusu. Miboko na ba ndako minene mikotiamaka likolo na mabanga.

Sasaipi, nini ezali tina na Yesu Christu kopimama na libanga?

Yesu Christu Azali libanga na lobiko na biso. Lisusu, kaka lolenge mabanga makoki kobuka biloko misusu, Nkolo Abukaki bokonzi na kufa mpe Akweisaki zabolo. Ezali na ba tina Yesu Christu Akokisami na libanga.

Mai ebimaki na libanga na tango yango ebetamaki. Elingi kolakisa été tokoki kobika kaka na tango ezwi biso mai na nzela na Yesu Christu. Mai elakisi mai na bomoi, yango ezali Liloba na Nzambe. Kaka lolenge bato bakoki kobika na tango bameli mai, na molimo, tokoki kokende nzela na bomoi na seko na tango ezwi biso Liloba oyo ezali mai na bomoi. Nzambe Akoki kobimisa mai na eloko nioso na nguya na Ye, kasi Asali yango na nzela na libanga mpona kotalisa limbola oyo na molimo.

Bana na Yisalele Babebisamaki Mpona Kosalaka Mabe

Nde, Nzambe Asepelaki na mingi na bango te, mpo ete bakweisamaki kati na lisobe. (10:5)

Libota na liboso kati na Esode bakufaki bango nioso kati na lisobe kaka Yosua mpe Kalebe. Bongo bana na Yisalele bandimelaki Nzambe? Soki Mose asengaka na bango soki bandimelaki Nzambe, bango balingaki kozongisela ye na 'Amen!'

Bango bamonaki Bolozi Zomi, kokabolama na Mai Monana Motane na biteni mibale, mpe mai kobima na libanga. Baliaka mana eye ekweyaki longwa na likolo, mpe batambwisamaki na lipata na nkembo na moi mpe na butu na likonzi na moto. Bango bamonaki mpenza bilembo mingi mpe solo bango bayebaki mpenza mpona Nzambe.

Kasi bango nioso bakufaki kati na lisobe. Nini ezalaki tina? Nzambe Alingi te koloba ete biso tokoki kobikisama na mayebi na biso (Matai 7:21). Soki tozali na misala na kosalaka te kolandisama na mokano na Nzambe, Akoloba te ete tozali na kondima.

Bana na Yisalele baliaka bilei na molimo mpe bamelaki main a molimo, kasi bango balikai mpe bamelaki yango na kondima na solo te. Bango bayimakiyimaki mpona Nzambe mpe Mose na tango bazalaki na bilei te. Yango tina Paulo alobi ete bango bakeisamaki kati na lisobe, mpo ete basepelisaki mpenza Nzambe te.

Ezali lolenge moko na biso lelo. Soki tokomilelaka na tango tozali na mimekano mpe komekama, ezali lolenge moko na kotalisaka kozanga na bison a kondima. Tosepelaka mpe topesaka matondi na tango tozwi eyano mpona likambo moko, kasi soki tokolembaka mpe tozoki na motema mpona ba tango ba bakokoso, Nzambe Akoki te koloba ete tozali na kondima.

Makambo oyo nioso mazalaki elakiseli epai na biso ete tozala na mposa na mabe te pelamoko ezalaki bango na mposa. (10:6)

Tokoki komona soki tozali petwa to mpe na bosoto na komitalaka na talatala. Lolenge moko, tokoki komona soki mitema na biso ezali bongo na kotalisaka yango na ba buku 66 kati na Biblia. Tokoki kokuta likunia, zua, koyina, kotonga, lolendo, mpe makambo na lolenge nioso na mabe kati na motema na biso.

Bana na Yisalele kati na Kondimana na Kala bakweisamaki kati na lisobe mpo ete bazalaki pembeni na mabe. Na lolenge moko kati na Kondimana na Sika soki ekokoba bison a kobika kati na mabe na tango ezali biso kotatola kondima na biso epai na Nzambe, Nzambe Akolobaka kak ete, "Natikala koyeba bino te" (Matai 7:23). Na bongo, tosengeli na kopetola makambo na bosoto nioso kati na mitema na bison a main a molimo, yango ezali Liloba na Nzambe.

Ndakisa, soki mokonzi na tango oyo aponami te mpona mandate ekoya, moto yango asengeli mpe kopesa matondi. Ezali eloko moko esengeli mpe kosalemaka soki moto salaki mosala malamu te. Kasi, soki moto yango abimisi mosali mosusu na molende oyo azali mpenza na makoki na tango na bokonzi na ye, nde bongo ekozala mpenza likambo na nkamwa. Bongo, mokonzi oyo akoka solo kopesaka matondi.

Bozala basambeli na bikeko te pelamoko bamosusu kati na bango. Lokola ekomami ete, 'Bato bafandaki kolia mpe komela mpe batelemaki mpona kobina.' Ekoki ete tosala makambo na pite te pelamoko bamosusu na bango basalaki pite mpe bakweiyaki bato nkoto ntuku mibale na misato na mokolo moko. (10:7-8)

Ekeko na lolenge na molimo ezali eloko oyo tolingi koleka Nzambe. Soki tokolinga mbongo koleka Nzambe, yango ezali kongumbamela ekkeko mpe mosolo ezali ekeko.

Bana na Yisalele basalaki ngombe na wolo mpe bangumbamelaki yango na tango Mose azalaki na ngomba, kokilaka mikolo 40 mpona kozwa Mibeko Zomi. Eteni na likolo elobeli likambo yango esika wapi bana na Yisalele baliaka, bamelaki, mpe batelemaki mpona kobina.

Mituya 25:1-3 elobi ete, "Wana ezalaki Yisalele kofanda na Sitimi, bato babandaki kosala ekobo na bana basin a Moaba. Bango mpe babiangaki bato epai na mbeka na bango epai na banzambe na bango, mpe bato baliaki mpe bangumbamelaki banzambe na bango. Bongo Yisalele amikangaki ye mpenza epai na Bala na Peolo. Nkanda mpe na Nzambe epelaki epai na Yisalele."

Awa, elobeli te ete, 'mibali' bbasalaki pite na bana basin a Moaba kasi 'bato. Bato awa esangisi basi elongo na babali. Bana basi na Moaba babengisaki baton a Yisalele na tango ezalaki bango kotumba mbeka. Na tango baton a Yisalele basanganaki na Bala na Peolo na koliaka elongo na basin a Moaba mpe na kongumbamelaka banzambe na bango. Yango elakisi ete basalaki na bango 'ekobo'.

Mituya 25:9 elobi ete, "Nde ata bongo bato bakufaki na malali bazalaki nkoto ntuku mibale na minei." Kasi eteni oyo kati na 1 Bakolinti elobi ete ezalaki 23,000. Mpona nini bokeseni na bato 1,000?

Na ekobo, ezalaka na ekobo na molimo mpe ekobo na nzoto. Ekobo oyo elobami kati na eteni 8 ezali kolobela ekobo na molimo. Eloko moko oyo tokolingaka koleka Nzambe ezali ekeko na biso., mpe soki tozali na kondima kasi tokobi na kongumbamela ekeko, ezali ekobo na molimo. Mpo ete ekobo na bonzoto ezali lisumu, Paulo azali kopesa ndakisa oyo na ekobo na bonzoto mpona kolimbola ekobo na molimo.

Ndakisa, basi to mibali basengeli kolinga molongani na bango koleka nioso. Soki bango bakolingaka moto mosusu koleka molongani na bango moko, bongo ekozala solo ekobo. Tokoki te koloba ete yango ezali ekobo kaka mpo ete bazali kolinga moto mosusu kati na makanisi mpe mitema na bango (Matai 5:28).

Na lolenge moko, ezalaki solo kongumbamela mpe kolinga banzambe misusu na tango bato na Yisalele bamisangisaki na Bala Peolo na koliaka elongo na basi na bapaya mpe na kongumbamelaka banzambe na bango. Nzambe Alobaki ete yango ezalaki ekobo. Elakeli mabe ekeelaki bango mpe, 23,000 bakufaki na mokolo moko. Ekobo na molimo ezali mbeba monene.

Solo, ekobo na bonzoto ezali lisumu. Ezala na molimo to na nzoto, Paulo asengi na bango na kosalaka na lolenge na ekobo te mpo ete tokobwakama na Nzambe lolenge bato wana babwakamaki.

Ekoki te ete tommeka Nkolo pelamoko bamosusu na bango bamekaki Ye mpe babomamaki na nyoka. Ekoki te ete toimaima pelamoko bamosusu na bango baimakiimaki mpe babebisamaki na Mobebisi. (10:9-10)

Ezalaki na ba nyoka mingi na ngenge kati na lisobe, kasi bana na Yisalele batikalaki na koswama te mpo ete Nzambe Abatelaki bango. Kasi esengelaki na Nzambe kobalolela bango elongo na tango bato bayimakiimaki mpona Mose mpe mpona Nzambe. Bongo, ba nyoka na ngenge babandaki kosua bango mpe mingi kati na bango bakufaki.

Bongo bato bayaki konganga epai na Mose. Mose

abondelaki epai na Nzambe mpe asalaki nyoka na motako mpe atelemisaki yango likolo kolandisama na motindo na Nzambe. Moto nani nani oyo atalaki yango abikisamaki (Mituya chapitre 21).

Yango ezali na lisangana na kondima na mosala na ekulusu na lelo. Bango oyo bazali kotubela mpe batali ekulusu kati na kondima bakozwa lobiko. Kasi bango oyo bandimeli te Sango Malamu oyo eyoki bango bakoki te kobika. Na tango wana, bango oyo batalaki nyoka te basengelaki na kokufa. Basengelaki kokufa mpo été bayimakiimaki mpona Nzambe.

Eteni 9 elobi ete, "Ekoki te tomeka Nkolo pelamoko bamosusu na bango bamekaki Ye mpe babomamaki na nyoka."

Nzambe Alimbisaka ten a tango bato bazali koyimayima mpe komeka Ye.

Kati na mituya 14:2-3, totango ete "Bato nyoso na Yisalele baimakiyimaki epai na Mose na Alona. Lingomba mobimba balobelaki bango ete, 'Soko tokufaki na mokili na Ejipito malamu! To, soko tokufaki na lisobe oyo, malamu!'"

Mpona oyo Nzambe Alobelaki na bana na Yisalele ete:
"...Bibembe na bino bikokweya na lisobe oyo, mpe baton a bino longwa na ntuku mibale, baoyo bayimakiyimaki na ntina na Ngai, moto moko ten a bino akokota na mokili oyo mosimbaki Ngai ndai ete Nakofandisa bino wana, bobele Kalebe mwana na Yefune mpe Yosua mwana na Nuni. Nde bana na bino, baoyo bino, baoyo bino bolobaki ete bakokangama, Nakokotisa bango mpe bango bakoyeba mokili motioli bino.

Mpona bino nde, bibembe na bino bikokweya na lisobe oyo. Bana na bino bakozala babateli na mpate na lisobe oyo mbula ntuku minei mpe bakolia mpasi na ntina na bikobo na bino kino ebembe na bino na moto na nsuka epoli na lisobe" (Mituya 14:29-33).

Biteni milandi 36-37 elobi mpe ete, "Mibali baoyo Mose atindaki kononga na mokili, baoyo babutaki mpe bapesaki lingomba mobimba simbisi ete baimaima na ntina na ye mpo ete batondolaki mabe na ntina na mokili, mibali batondolaki mabe na ntina na mokili, bango bakufaki na malady na liboso na YAWE."

Ezalaki kak ten a tango bato bayimakiyimaki mpona Nzambe Ye moko nde Nzambe Alimbisaki bango te bana na Yisalele, kasi mpe lisusu na tango eyimakiimaki bango mpona mosali na Ye Mose. Nzambe Atiaki Mose liboso na bato, nde bongo koimaima mpona ye ezalaki lolenge moko na koyimaima mpona Nzambe Ye moko. Ebele na biteni kati na Biblia elobeli biso ete makambo na lolenge wana ezali masumu. Ezali komeka Nzambe, mpe tosengeli te koimaima to mpe komeka Nzambe na lolenge oyo.

Makambo oyo nioso mayeli bango lokola bikebiseli, ikomami mpona kolakisa biso mpo ete nsuka na bikeke eyei na biso. Boye, tika ete ye oyo akanisi ete azali kotelema ngwi akeba ete akweya te. (10:11-12)

Makambo makomami kati na Kondimana na Kala makoki

kozala lokola kitalatala wapi tokoki na komitalaka. Eteni na likolo elakisi ete tosengeli te koimaima to mpe komeka Nzambe. Nzambe Alimbisaka baton a lolenge oyo te.

Nzambe Ambongwanaka te. Boye, ata lelo lolenge na kala, bango oyo basalaka masumu na lolenge oyo bakoki te kolimbisama, kaka na Kondimana na Kala te kasi lelo mpe lokola. Bongo tosengeli soko te kosalaka masumu na lolenge oyo. Yango ntina Paulo alobaki ete, "Ikomami mpona kolakisa biso".

Elobi mpe ete, "Tika ete ye oyo akanisi etelemi akebi ete akweya te." Kati na Kondimana na Kala mpe lokola, bango oyo bakanisaka ete bazalaki kotelema bazalaki solo bango oyo bazalaki koimaima, komilelaka, mpe na kotelemelaka Nzambe kati na lolendo na bango. Na momesano ezali bakambi nde bakomemaka bato ete bayimaima mpe batelemela Nzambe. Na lolenge oyo bango oyo bakokanisaka ete 'bakotelema' bazali solo na lolendo.

Solo, moko te kati na biso azali kotelema. Tobandaka kozwa kondima sima na biso kondimela Yesu Christu, mpe na tango ekomi biso na esika na kondima na mikolo, ezali lokola liplome na kelasi na likolo. Sima na liplome yango, tokokotaka kati na mboka mpe tokobanda kosalela oyo eyekolaki biso.

Na lolenge moko, tokoki koloba été toyebi mokano na Nzambe mpe ba buku 66 kati na Biblia kaka na tango tokomi na etape kati na kondima na bakolo. Nde, tokoka kosalela Liloba kati na Biblia kati na mokili. Lolenge oyo tokolanda mokano na Nzambe mpe tobika mpona nkembo na Ye.

Soki tokei na etape oyo tokoyeba solo lisusu mpe lisusu, tokomikitisa mpe tokokoma basokemi. Ezali mpo été tososoli été nini eyebi biso ezali kaka moke. Na bongo, tosengeli komilatisaka tango nioso na solo, na kokanisaka te été totelemi, mpo été tokoka kozala na motema na Nkolo.

Nzambe Apesaka Nzela na Kobima Kati na Momekano Nioso

Emekeli moko te ekomeli biso oyo ezangi epai na bato nioso. Nzambe Azali sembo; Ye oyo Akootika bino te ete bomekama na koleka nguya na bino, kasi esika moko na emekeli, Akobongisa ekimelo ete bokoka koyika mpiko. (10:13)

Bandimi bazali na ntina moko ten a komekama mpe na kokweisama. Nzambe Azali malamu, nde bongo Akopesaka na biso te emekeli mpona kopesa na biso kokoso. Akondimelaka mpe kaka biso momekano oyo ekoki na biso kolonga.

Ezalaka na mimekano na lolenge mibale. Yambo, ezali momekano ememami na Satana mpo ete tozali kobika te kolandana na Liloba na Nzambe to mpe tozali na moyimi. Yango oyo ezali momekano epesami na Nzambe te, mpe ezali na eloko moko ten a lisangana na Ye. Na esika oyo, tokoki kaka kotubela mpe tolongwa na lisumu oyo ememaka yango.

Mibale, ezali momekano euti na Nzambe. Oyo ekesani na

momekano euti na Satana mpona bango oyo bazali na mabe. Momekano na Nzmabe ezali mpona kopesa biso mapamboli. Mimekano mikopesama na tango tolongi mimekano yango. Ezali lolenge tondimami na kelasi mpona kotanga kuna soki toleki examen na kokota. Momekano moye mopesamaki na Abalayama mpona kopesa mbeka mwana na ye Yisaka ezalaki momekano na lolenge oyo. Abalayama akweyaka te to mpe atikalaka te koimaima to mpe na komilela kati na momekano na ye. Nzambe Andimaki yango mpo ete Abalayama akokaki koleka yango malamu mingi. Na tango alekaki yango kati na kondima, Nzambe Apesaki na ye lipamboli na kokamwisa na koloba ete, "...Nakopambola yo solo mpe nakofulukisa bana nay o lokola minzoto na likolo mpe lokola zelo na libongo na mai" (Genese 22:17).

Nzambe Andimelaka biso mimekano mpo ete mizali solo mapamboli mpona biso mpe mpona komema kondima na biso ete ekola. Tokolaka na molimo, tokotaka kati na solo, mpe tokomaka na esika etombwami mingi kati na kondima, tolingaka, mpe tozwaka kondima na nzela na mimekano eye. Soki elema na biso efuluki na kolekaka momekano wana, Nzambe Atalisaka ete Alingi biso mpe Apambolaka biso. Yango tina tosengeli kopesa matondi kati na mimekano.

Bango oyo bazali na kondima na solo bakweyaka te kati na mimekano. Nzambe Apesa na biso makasi na bongo, makanisi, mpe motema na oyo tokoki kolonga mokili. Tina bato misusu bakweyaka ezali mpo ete bakozongaka sima mpona bozangi na bango na kondima.

Bango bato oyo na kondima ba oyo babangaka Nzambe mpe babikaka kati na Liloba na Ye bakosepelaka, kobondelaka, mpe kosambelaka, mpe na kopesaka matondi kati na mimekano. Na kosalaka bongo, mimekano mikotikaka bango. Nzambe Asalaka ete makambo nioso matambola malamu, mpe yango ezali lipamboli epai na bango.

Bikima Kongumbamela Bikeko

> Boye, Balingami na ngai, bokima losambo na bikeko. Nazali koloba lokola moto na makanisi, bobanga bino mpenza makambo mazali ngai koloba; (10:14-15)

Tokoki komona liloba na 'balingami' kati na bisika mingi na Biblia. Expression oyo epesami mpona bato oyo bazali kotelema kati na kondima mpe solo, mpe bongo bakoki kozwa liloba oyo elandi. Awa, elobi ete, 'balingami na ngai, bokima losambo na bikeko." Nini, bongo ezali losambo na bikeko?

1 Bakolinti 10:7 elobeli mpona bato bafandaki mpona kolia mpe na komela, mpe batelemaki mpona kobina liboso na ngombe na wolo eye bamisalelaki na tango Mose azalaki na ngomba na Sinai. Eteni 8 ezali kolobela bato oyo bazali kosambela banzambe na basin a Moaba. Eteni 9 mpe 10 elobeli bato oyo babebisamaki na ba nyoka mpona koimaima na bango mpe na komekaka YAWE. Makambo mana nioso mazali losambo na bikeko.

Ezali na ntina mpona bato kotiala mpenza Nzambe motema mobimba te. Ezali mpo ete bango bazali na ebele na bikeko na oyo bango batielaka mitema, lokola mayebi na bango, nguya na mokili, koyebana, to mpe eloko nioso oyo bango bazali na yango oyo batie liboso na Nzambe. Ezali na makambo mana nde bazali 'kotelemela Nzambe'.

Likomi na likolo elobi ete, "Nazali koloba epai na baton a mayele." Mayele awa elobeli te mayele na mokili, kasi mayele mapesamaka na Nzambe. Koyeba Nzambe mpe kososola solo ezali ebandeli na mayele mpe bwanya. Mayele oyo kati na eteni ezali mayele oyo na koyeba Liloba na Nzambe. Paulo alobaki ete azalaki koloba na bato lokola na bwanya mpo ete bango basosolaki Liloba na Nzambe.

Paulo alobaki ete, "...bobanga bino mpenza makambo mazali ngai koloba." Biblia epekisi biso tosambisa, nde mpo nini ye alobaki bongo? Alingaki koloba ete basengelaki na kososola kati na bosolo mpo ete bazalaki kati na solo. Yango tina ye alobaki kaka te epai na bato nioso, kasi alobaki bongo epai na bango oyo bazalaki na mayele na Liloba. Yango mpe tina ye abandaki liloba na ye na 'balingami na ngai.'

Kopo na kopambola oyo ekopambola biso, ezali lisangana na makila na Kristu te? Lipa oyo ekobukaka biso, ezali lisangana na nzoto na Kristu te? Lipa ezali moko, bongo biso tozali bato mingi na nzoto moko, pamba te biso nioso tokokabola lipa yango moko. Botala epai na libota na Yisalele, lokola ezali bango bato. Baoyo bakoliaka mbeka bazali nde basangani na etumbelo na mbeka te? (10:16-18)

Tosanganaka kati na nzoto mpe kati na makila na Kristu na koliaka lipa mpe na komelaka keni na Elambo na Ye Esantu. Mpo nini yango ezali lipamboli na kolia nzoto mpe na komela makila na Kristu? Ezali mpo ete yango epesaka biso bomoi mpe ememaka biso na nzela na bomoi na seko.

Toliaka lipa moko na Elambo Esantu. Ezali mpo ete ezali kaka na Yesu Chrisu moko. Solo ezali kaka se moko, mpe ekoki kozala na eloko mosusu te soki kaka ba buku 66 kati na Biblia.

Bango oyo bakozwaka solo oyo bakozala na solo kati na motema na bango, mpe bakozala na motema na Nkolo. Moto nioso akoki kozala na lisanga na motema moko kati na solo na kotalaka mbula mpe moto te. Nde bongo, tokoki biso nioso kokoma lipa moko. Tozali nzoto moko mpe motema moko. Yango tina ezali koloba ete, "pamba te biso nioso tokokabola lipa yango moko."

Kati na eteni 18, elobi na biso ete, "Botala epai na libota na Yisalele, lokola ezali bango bato. Baoyo bakoliaka mbeka bazali nde basangani na etumbelo na mbeka te?"

Mpona kolobela Yisalele, ezali na bango oyo babotami na lolenge na nzoto na tango ezali na basusu oyo babotami na Molimo na kondima. Ezali na bato oyo babotami na libota na elaka na Yisaka kati na kondima, na tango mpe ezali na bango oyo babotami na libota na elaka kasi na nzoto.

Yisalele kati na kondima elobeli bango oyo bazali na kondima kaka na misala na libanda. Kati na Kondimana na Kala, ata soki moto azalaki na motema mbiindo makasi oyo etondi na kilikili mpe na koyina, moto yango amonanaki te mosumuki soko kaka esalaki ye lisumu na koyiba te, ekobo te, to mpe koboma na misala.

Yisalele oyo ezali na kondima etalisi bango oyo bakati ba ngenga na mitema na bango mpona kokomisa yango bulee. Bakomi basantisami, mpe misala na bango mpe mizali kati na pole mpe na solo. Kasi ezali mpe na basusu oyo bakosanganaka na mokili na kozanga na kolongola masumu mpe na kozaanga kolanda Liloba na Nzambe. Bazali kaka 'bango bakendaka kaka lingomba'. Bato na lolenge oyo babiangami 'Yisalele na nzoto'.

Eteni na suka kati na eteni 18 elobi été, "...baoyo bakoliaka mbeka bazali bongo basangani na etumbelo na mbeka te?" Kati na Biblia, masumu makabolami kati na 'makambo na nzoto' mpe 'misala na mosuni'. Makambo na nzoto mazali lolenge na kobotama kati na masumu na motema na moto na tango misala na nzoto mizali masumu masalemi na misala. Masumu nioso mamonani mpe lokola 'mbeka na bikeko'. Bayisalele kati na nzoto bazali bango oyo bakobi na koliaka mbeka mipesameli bikeko na tango ezali bango kosanganaka na etumbelo na Yisalele. Mingi, na lelo bazali bango oyo bayaka kati na lingomba kati bazali koumela kati na masumu.

Boye nazali koloba nini? Ete bilei bipesameli bikeko izali eloko na ntina? Soko ete ekeko ezali eloko na ntina? Te! Nde ekokaba bango mbeka, bakokabela milimo mabe yango, bakokabela Nzambe te. Nalingi te ete bozala na lisangana na milimo mabe. Bokoki komela na kopo na Nkolo mpe na milimo mabe te. Bokoki kokabola bilei na mesa na Nkolo mpe na mesa na milimo mabe te. (10:19-21)

Na lolenge na kopesa ndakisa, ntoma Paulo azali kolimbola na lisungi na Molimo Mosantu mpona makambo mazali bikeko mpe makambo mapesameli mbeka na bikeko.

'Ba' elakisi bango bandimela te. Bazali kopesa mbeka na milimo mabe. Bakanisi mpe été ba nkoko na bango bakomi milimo mabe mpe bazali kongumbamela milimo mabe oyo. Solo, bango bazali kongumbamela mpenza ba nkoko na bango milimo mabe te.

Bongo, esika nini ba koko na biso nioso bakendaka? Bandimi kati na Yesu Christu bakenda na Paradiso (Luka 23:43), mpe bango bandimela te bakangama kati na Nkunda na Nse (Luka 16:23). Na bongo, ata soki bato bazali kongumbamela ba koko na bango mpe bakopesa mbeka na biloko malamu epai na bango, bakoko na bango bakoki kondima masanjoli na bango te. Ezali milimo mabe nde bakozwaka yango. Bango oyo bakufa na kozanga kozwa lobiko bakokota na Nkunda na Nse. Basusu kati na bango baponama na lolenge moko boye mpona kobima na mokili oyo lokola milimo mabe.

Kongumbamela milimo mabe ezali kokabola na bango. Soki tokongumbamela baboti na biso oyo bazali naino na bomoi, elakisi été tozali kotosa bango, mpe bango bakoki kondima mitema na biso. Ezali lisangana mpo été tozali kokabola motema na biso. Lolenge eye, kongumbamela milimo mabe ezali kosangana na bango. Yango ntina Paulo alobi été alingi te été bazala basangami na milimo mabe.

Eteni 21 elobi ete, , "Bokoki komela na kopo na Nkolo mpe na milimo mabe te; Bokoki kokabola bilei na mesa na Nkolo mpe na mesa na milimo mabe te."

Moto akoki te kokende na bisika mibale na ngonga moko te. Ezala été akokende na Seoul to mpe na Busan, moto yango asengeli kopona moko to mosusu. Na lolenge moko, tokoki te kokende na nzela na libebi mpe nzela na bomoi na seko na ngonga moko.

Na boye, esengeli te kozala na moto oyo akoluka na komilongisa na kolobaka été, « Ngai nazali na kondima na bolembu, nakoka kosunga yango te. Nakabolaka kopo na Nkolo na kongumbamelaka Ye kati na lingomba, kasi nasengeli mpe kongumbamela bikeko mpo été baboti na ngai bamemaka ngai na makasi. » Likambo na lolenge oyo ekoki te na kosalema. Elakisi été moto yango ezali ata na kondima soko te.

Mpo été bandimi babengaka Nzambe 'Tata', basengeli te, na tango moko, kosepelisa Satana na kosalaka masumu, kosangana na mokili, mpe kosalaka na makambo na bosoto. Basengeli kopona nzela moko to mpe oyo mosusu ; kobika kati na solo to mpe kati na masumu. Paulo azali kolimbola oyo na kopima yango na kopo na milimo mabe, mpe mesa na milimo mabe, yango izali ba ndakisa na bomoi na biso.

Topelisa nde nkanda na Nkolo? Toleki Ye na Nguya? (10:22)

Ezali nde moto oyo azali na makasi koleka Nkolo? Bango oyo baimakaimaka na pete mpona Nzambe, oyo balobaka ete balingi kolongwa lingomba, to mpe bango oyo bamekaka lingomba bazali bango oyo bakosalaka lokola baleki Nkolo na nguya. Bongo biso tokomeka solo mpenza koleka Nkolo na nguya mpe kopelisa nkanda na Ye?

Tokoki te koloba ete toleki Nkolo na nguya soki solo tondimelaka Nkolo oyo Azali na bomoi mpe Azali kosala. Bo ngai na biso to mpe koyeba mingi ikokweya mpenza, mpe biso tokoloba ete, "Nazali kaka na makasi kati na nguya na Nkolo epesameli ngai. Nakoki te kosala eloko soko Nkolo te." Tokokufa mokolo na mokolo lolenge Paulo asalaka.

Bango oyo bafukamaka liboso na Nkolo mpe bandimelaka mpenza Ye bakolingaka mpe Ye, bakosalela bandeko kati na kondima mpe bakobika kati na masumu to bozanngi sembo oyo Nkolo Ayinaka kasi solo bakobwakisa mabe na lolenge nioso. Elingi kolakisa ete, bango bakosangana na bikeko te, balia biloko mipesamelaki na bikeko, to mpe kosangana na milimo mabe.

Ezali Satana nde amemaka baton a kosumuka. Kasi soki tokolia bilei mibonzami na bikeko, mingi soki tosali masumu mpe tobiki kati na kozanga sembo, elakisi ete tozali bakaboli na Satana na kotosaka yango. Bato oyo basalaka bongo babangaka Nzambe te Ezali baton a lolenge oyo nde bazalaka na kobanga na Nzambe te. Kasi bango bazali komeka Ye to mpe bakoyimaka mpona Ye. Yango tina ezali na liloba elobi ete, 'baleki Nkolo na nguya'.

Limbola na Mosuni Mpona Losambo na Bikeko

Topesameli lokumu kosalaka makambo nioso; nde makambo nioso makosungaka te. Ɛɛ, topesameli lokumu kosalaka makambo nioso, nde makambo nioso makolendisaka te. (10:23)

Nzambe Akela moto lokola banje ba oyo batosaka kaka. Nzambe Apesa na bato makoki na kopona na lolenge na bango moko. Nzambe Aloba na bango ete bango bakokweya kati na kobebisama soki bakolia mbuma na nzete na boyebi na malamu mpe mabe, kasi kasi bakokoka kobika elongo na Nzambe mpona libela soki biliaki yango te.

Makambo nioso makoki, pamba te tokoki kosala boye to mpe bongo. Kasi oyo toponi na kosala ezali kosunga kaka na tango elandi biso mokano na Nzambe. Soki tokobikaka kati na solo te, elakisi ete tozali kokende na nzela na kufa, nzela na kobebisama.

Lisusu, ata soki tokoki kosala nioso, eloko nioso ten de

esungaka. Ndakisa, tokoki te kaka kosanjola Nzambe, koseka mpe kobeta milolo kati na esengo esika na matanga kaka mpo ete tozali na kondima. Tosengeli kokoka na kobondisa bandeko na mowei kolandisama na lolenge esika yango ezali.

Soki moto oyo akufaki autaki na libota na bandimi, ezali malamu ete koyemba ba nzembo na elikia mpona koloba ete tokokutana lisusu na mowei kati na Bokonzi na Likolo. Kasi soki ezali na moto oyo andimela te kati na libota mpe soki ye akolingaka yango te, tosengeli mpe na kolandela ye. Yango ezali kaka moko kati na ba ndakisa mingi; kati na makambo misusu, makambo nioso masengeli kasi yango nioso makosungaka te.

. Tika te ete moto aluka bobele malamu na ye moko kasi yango na mozalani na ye. Bolia nioso etekisami na zando na mosuni, bobeta tembe mpona lisosoli na motema te. Pamba te mokili mozali na Nkolo, mpe yango nioso kati na yango. Soko moko na bazangi kondima akobianga bino mpe bolingi kokenda, bolia biloko nioso bitiami liboso na bino, bobeta ntembe mpona lisosoli na motema te'. (10:24-27)

Kati na chapitre na bolingo na molimo, 1 Bakolinti 13 elobi ete, "Bolingo ekolukaka bolamu na yango moko te." Yango ezali bolingo na molimo. Kasi bolingo na mokili ekolukaka bolamu na yango moko, bolingo na nzoto.

Tokoki kozala nan a bolingo epesami na Nzambe, yango bolingo na malimo kaka na tango ebuki biso bongai kati na biso mpe tokomi na mposa na komipesa mpona basusu. Tokozala tango nioso na esengo na tango tolongoli bolingo na mosuni mpe tokomi na bolingo na molimo. Paulo alobi ete tosengeli na koluka bolamu na basusu na kozalaka na bolingo na lolenge oyo.

Elobi ete, "Bolia nioso etekisami na zando na mosuni, bobeta ntembe mpona lisosoli na motema te." Kati na likomi oyo, Paulo azali solo kolobela bilei mipesamelaki bikeko. Ezalin na lisangana na eteni 23 elobi ete, "Topesameli lokumu na kosalela makambo nioso."

Na tango ezali biso kosomba eloko na wenze, biso tokotunaka moteki ete, "Yo ongumbamelaka bikeko?" nde soki ye alobi iyo, tokolongwaka solo na ye? Soki te, tokosalaka yango te. Lisusu, Na tango ezali biso kotekisa eloko, tokotunaka ten a mosombi soki ye asambelaka bikeko mpona biso kopona soki tokotekisaka eloko epai na ye to mpe te. Tosengeli te kosalaka likambo na lolenge wana. Tozali na ntina moko ten a kotuna bango soki bakosambelaka bikeko to mpe te. Tokoki kaka koteka to mpe kosomba na kotuna motuna moko te.

Na lolenge moko, na tango ezali biso kolia eloko, tokotunaka te ete, "Bongo yango ebonzamaki na bikeko?" Biloko nioso kati na univer ezali na Nzambe. Yango tina tokoki kolia na kozanga kotuna. To, toloba ete mozangi kondima abengisi biso kolia elongo epai na ye. Bongo, Paulo alobi na biso ete totuna te epai na ye soki bilei mibonzamaki na bikeko to mpe te. Tokoki kolia yango na kondima mpo ete biloko nioso mizali na Nzambe mpe bilei yango wana epesameli bison a Nzambe mpe lokola. Kasi ezali mpe na biloko oyo tosengeli ten a kolia, mpe yango elimbolami kati na eteni elandi.

Nde soko moto alobi na bino ete, 'Oyo esili kopesamela bikeko, bolia yango te, mpo na ye oyo ayebisi yo yango mpe mpona lisosoli na motema. Nazali kolobela mpona lisosoli na motema nay o mpenza te, kasi mpo na oyo na ye. Pamba te bonsomi na ngai ekokangama na ntembe na moto mosusu na nzela nini ? Soko ngai nakoliaka na matondi, mpo na nini nakotukama awa esili ngai kotonda mpo na yango ?
(10:28-30)

Moto andimela te akoki kokanisa ete, 'Nayoka ete bandimi baliaka te bilei mibonzamelami na bikeko.' Mpe soki ye akoloba epai na mondimi ete bilei mibonzamaki na bikeko, mondimi akoki kolia yango. Ya solo, epesamaki epai na Nzambe, kasi ezalaki mbeka mpona milimo mabe. Tosengeli te kolia yango na kososola ete yango epesamaki na bikeko.

Soki toliii yango, mondimi yango akoki akoki kosambisa bison a kokanisaka ete tozali solo bandimi na komikabaka te. Tokosambisama na lisosoli na motema na ye mpe yango ekozala koyokisa Nzambe soni.

Na tango moto oyo andimela te alobi na biso ete yango epesamelaki na bikeko, elakisi ete ye azalaki na likanisi ete biso tolia yango te. Na boye, tosengeli te kolia yango mpona moto yango. Lisusu, ezali bongo ete tosengeli kolia yango te pamba te tosili sasaipi kososola ete epesamelaki na bikeko.

Soki tokobi na kolia yango, sima na biso koyoka ete epesamelamaki na bikeko, bongo lisosoli na motema na moto oyo ayebisaki biso ekosambisa biso.

Tozali na kondima mpe bonsomi na kolia yango, kasi tosengeli te kosalela bonsomi na biso ata na esika na komema esambiseli na basusu epai na biso, mpo ete tosengeli koluka bolamu na basusu, kasi oyo na biso moko te.

Matai 5:39-41 elobi ete, "Nde Ngai Nazali koloba na bino ete botelemela mabe te. Kasi soko nani akobeta yon a litama na mobali, pesa ye oyo mosusu. Mpe na ye oyo alingi kofunda yo mpona elamba nan se, akamata mpe elamba na libanda lokola. Mpe ye nani akangi yo ete okenda na ye kilometelo moko, kenda na ye mibale." Ata moto oyo tolingaka te amemi bison a makasi mpona kokende na ye kilometelo moko, tosengeli kokende na ye mibale."

Ezali komeka na kosimba motema na ye mpe kobikisa moto yango. Na lolenge moko, tosengeli te kolia bilei na tango moto asosolisi biso ete epesamelamaki na bikeko.

'Soko ngai nakoliaka na matondi' elakisi 'kosala kati na solo kolandisama na lisosoli na motema na biso.' Kasi akebisi biso ete biloko mipesamelaki na bikeko, mpe soki tokobi na kolia yango na kolobaka ete ekosala eloko te na tango moto mpo ete tozali na kondima, nde bongo moto yango akoki kotuka bison a kolobaka ete tokoki te mobeko na Nzambe.

Na bongo, mpona yango, tosengeli te kolia yango mpona bango oyo bazali na kondima moke, to mpe na kondima moko te. Ezali malamu ten a koliaka na matondi mpe komema basusu na kotiola biso.

Bosalaka Makambo Nioso Mpona Nkembo na Nzambe

> Boye soko bokoliaka, soko bokomelaka, soko bokosalaka nini, bosala yango mpona nkembo na Nzambe. (10:31)

Tika toloba ete tozali na esika qapi baboti na biso balingi ete tongumbamela bikeko. Kati na likambo oyo tosengeli te kongumbama na kokanisaka ete tolingi te ete baboti na biso bayoka mabe mpona biso. Solo ekozala malamu toloba na bango na liboso, mpo ete tokoka ten a kongumbamela.

Toloba été libota mobimba bazali kolia kaka na bilei oyo epesamelamaki na bikeko. Na esika oyo soki tolobi été, « Nalingi te eloko oyo ebonzamaki na bikeko. Bopesa ngai eloko mosusu » nde , solo baboti na biso bakoki na kotomboka. Mpo été kimia kati na libota ekweyi, ekozala pasi mpona koteya bango Sango Malamu.

Nde bongo, ekozala mabe te soki tolie biloko mipesamelaki na bikeko kati na koluka koteya Sango Malamu na bandeko kati libota na biso, mpo été bilei wana mpe epesami na Nzambe. Bongo ezala tokoliaka, to mpe tokomela, to mpe nini ekosalaka biso, tosengeli kosala yango nioso mpona nkembo na Nzambe, na kolukaka oyo na biso te.

Botia libaku liboso na Bayuda te, to liboso na Baela te, to liboso na lingomba na Nzambe te. Boye, ngai nakomekaka kosungaka bato nioso awa ekolukaka ngai malamu na ngai moko te kasi na bato mingi ete babika. (10:32-33)

Awa 'Bayuda' elobeli bandimeli, na tango 'Baela' elakisi ba oyo bandimela te. Ntoma Paulo alukaki y aye moko te. Alobaki été akokaki kosala nioso, kasi alingaki te kolia mosuni mpona libela soki asengelaki te kolia yango mpona bato misusu. Alobaki été ye abikaki te mpona ye moko. Akatamaka ngenga, kasi akomaki lokola moko na bango bakatama ngenga te mpona bango oyo bakatamaki ngenga.

Ntina na nioso esalaki ye boye, ezalaki mpona lobiko na milimo mpe na kopesa nkembo epai na Nzambe. Biso mpe tosengeli soko koluka lifuti na biso moko to bolamu, kasi tosalaka nioso mpona nkembo na Nzambe mpe mpona lobiko na milimo.

Chapitre 11

Mpona Oyo Etali Molongo na Molimo

Bozala Balandi na Ngai

Mpona Oyo Etali Molongo na Molimo

Basi Basengeli ten a Kozipa Mitu na Bango

Ntina Wapi Kowelana na Koboyama Ebandaka

Ntina na Solo na Elambo Esantu

Bozala Balandi na Ngai

Bozala bayokoli na ngai lokola ngai nazali moyokoli na Kristu. Nazali kokumisa bino mpo ete bokokanisaka ngai kati na makambo nioso, mpe bokosimbaka mateyo mapesaki ngai bino. (11:1-2)

Kaka lolenge Yesu Christu Atosaki Nzambe kino kufa, ntoma Paulo mpe Atosaki Nkolo kino kufa na ye. Motema na Ye nioso, misala ma ye, mpe mokano na ye mazalaki kati na solo eye ekokanaki na Yesu Christu.

Kati na Yoane 14:15, Yesu Alobaki ete, "Bozali baninga na Ngai, soko bokotosaka malako na Ngai." Paulo mpe Alobaki na molende ete, "Bozala balandi na ngai," mpo ete ye akokanaki naYesu Christu. Mpo ete maloba na misala na Paulo mazalaki kati na solo, mpona kokokana na ye ezali lokola tozali kokokana na Nkolo mpe na Nzambe.

Kasi ezali basali na Nzambe nioso ten de bakoki koloba na bandimi na bango ete, "Bozala Balandi na Ngai," kaka mpo ete ntoma Paulo alobaki likambo yango. Soki moto moko alobi na basusu ete bakokana na ye, kasi ye moko azali na bizaleli na bonzambe te mpe ye atosaka mpenza Nzambe te, nde ekotalisa ete ye azali moto na lolendo.

Kasi soki moto azali mpenza na motema na Nkolo mpe abikaka mpenza kati na mokano na Nzambe lokola ntoma Paulo, nde bongo akoki kolakisa basusu na ndakisa ete bazala balandi na ye.

Ntoma Paulo abikaki kaka mpona nkembo na Nzambe kati na makambo nioso, ezala akoliaka to mpe akomelaka to mpe na nini esalaki ye. Ye amonaki bomoi na ye na motuya ten a tango ezalaka mpona Yesu Christu. Asepelaka mpe apesaka matondi ata na tango ye abetamaka mpe banyokolaki ye. Alandaka mokano na Nzambe, ata soki yango elakisaki minyoko na konyokolama, mpe ata na tango kufa ezalaki kozela na nzela na ye.

Akokaki kokende na nzela eponaki ye kati na esengo mpo ete azalaki na elikya na ye kati na bokonzi na Lola. Soki biso mpe tozali na kondima, tosengeli mpe solo kolanda ndakisa oyo na ntoma Paulo,; motema na ye, bizaleli, mpe misala ma ye.

Eteni 2 elobi ete, "bokokanisaka ngai, kati na makambo nioso." Nini bandeko kati na lingomba na Bakolinti bakanisaki na yango Paulo?

Na mibembo na ye na koteya Sango Malamu ntoma Paulo abandisaki mangomba, ateyakilisekwa na Nkolo mpe nzela na ekulusu. Ateyaki Sango Malamu na nzela na ba episico na ye. Bandeko na lingomba na Bakolinti bayokaki liloba na ye lokola na Nzambe mpe babatelaki yango.

Bango nioso bamonaki lolenge nini Paulo abondelaki mpe alakisaki. Bakanisaki solo oyo ateyaka mpe babatelaki yango mpe mpona bango moko.

Eloko kka moko oyo ntoma Paulo ateyaka ezalaka Sango Malamu na Yesu Christu. Ateyaki kaka mokano na Nzambe mpemibeko. Alakisaki yango na bandimi kati na Kolinti mbala mingi, mpe alobelaki bango mpona mokano na Nzambe mpe malako eye esengeli na kosepelaka, kopesa matondi, kobondela, kozala na kimia, kobwakisa kozanga sembo mpe kolanda bolamu. Na kolobaka boye, Paulo azalaki kokumisa bandimi na Kolinti mpo ete babatelaki malakisi ma ye.

Mpona Oyo Etali Molongo na Molimo

Nde nalingi ete bososola ete moto na babali nioso azali Kristu, mpe moto na mwasi azali mobali mpe ete moto na Kristu Azali Nzambe. Mobali na mobali oyo azali kobondela soko kosakola wana moto na ye ezipami azali koyeisa nsoni na moto na ye. Nde mwasi na mwasi oyo azali kobondela soko kosakola wana akozipa moto na ye te azali koyeisa nsoni na moto na ye. Mpo ete soko mwasi azali kozipwela moto na ye te, malamu ete akolola moto ! Kasi soki ezali na nsoni epai na mwasi été alongola nsuki mpe akolola moto, bongo tika été azipa moto. Nde ebongo na mobali kozipa moto na ye te mpo été ye azali elilingi mpe nkembo na Nzambe. Mwasi azali nkembo na mobali. (11:3-7)

Paulo akumisaki bandimi kati na Kolinti mpo ete babatelaki malakisi ma ye, kasi asengelaki na koyebisa lisusu bango mpona molongo na molimo mpo ete bango babatelaki yango te.

Motó na mwasi ezali mobali, mpe motó na mobali ezali Kristu, mpe motó na Kristu ezali Nzambe. Na bongo, Yambo ezali Nzambe; mibale, Kristu; misato, mobali; mpe minei ezali mwasi. Oyo ezali molongo oyo Nzambe Alobeli.

Kasi ezali pasi mpona kososola eteni elandi soki totali yango kaka na limbola na bonzoto ete: "Mobali na mobali oyo azali kobondela soko kosakola wana motó na ye ezipami azali koyeisa nsoni na motó na ye.Nde mwasi na mwasi oyo azali kobondela soko kosakola wana akozipa motó na ye te, azali koyeisa nsoni na motó na yePamba te ezali lokola azali kokolola motó na ye."

Sik'awa, esengeli na basi kozipa eloko na mitu na bango kolandisama na makomi oyo? Ya solo, kati na lingomba na Baloma na Katoliki batiaka eloko na mitu na bango kati na misa. Yango ezali mpo ete bango balandaka limbola na bonzoto na eteni oyo. Kasi tosengeli kososola limbola na molimo mpe tolanda yango.

Mpo nini Mibali Bakoki Kozipa Mitu na Bango te?

Eteni na likolo elobi ete Kristu azali motó na mobali, mpe mobali azali motó na mwasi, mpe Nzambe Azali motó na Kristu."

'Motó' ezali na ebele na ba limbola. Kati na bango elakisi ete 'kokende liboso kati na bokambi', "suka to esika eye ezali likolo to mpe na likolo', mpe 'position na botombwami'. Na kolobaka ete mobali azali motó na mwasi elakisi ete mobali azali likolo na, azali na esika etombwami koleka, mpe azali na bokonzi likolo na mwasi.

Kati na libota, mwasi asengeli na kotosa mobali kati na solo bongo bakoki kozala na kimia kati na libota. Kati na mabongisi, totosaka bakambi. Kasi moko asengeli te kozala na lolendo kaka mpo ete ye azali mokolo to mpe azali na ebongo na likolo. Soki ebonga to bokonzi etombwama, nde bongo ekosengela na biso tomikitisa mpe tosalela baninga.

Bongo, mpo nini ezali koyokisa Kristu soni soki mobali akozipaka motó na ye?

Eteni 7 elobi ete mobali azali elilingi mpe nkembo na Nzambe. Nzambe Akelaka bato. Akelaka liboso mobali nde na sima Asalaki mwasi. Kati na mokili oyo, mobali asengeli kozala na esika mpe na elilingi na Christu. Na molimo, motó ezali Nzambe mpe Christu, kasi na nzoto, Nzambe Atia moto mpo ete ye azala na esika na Christu kati na mokili.

Kozipa motó na ye elingi kolakisa ete ye apekisami to kotelemelama na eloko moko. Na bongo, ezali malamu te mpona mobali, ye oyo azali na esika na Christu, apekisama na moto soko nani. Elakisi ete Yesu Christu Akoki te kokangama epai na moto moko. Na bongo, soki mobali azali na moto na ye ezipama, ezali koyokisa Christu soni.

Nini Yango Elakisi ete Basi Bazipa Mitó na Bango?

Eteni 5 elobi ete, "nde mwasi na mwasi oyo azali kobondela soko kosakola wana akozipa motó na ye te azali koyeisa nsoni na motó na ye. Pamba te azali lokola ete asili kokolola motó na ye."

Na tango basi bakozipaka mitu na bango, ezali kolakisa été bazali na mokonzi na bango na mokili. Ezali kotalisa komikitisa elongo na botosi.

Nani azali moto mwasi ? ezali mobali. Boye, soki basi bakosipaka mitu na bango te, elakisi été balingi te kokonzama na mibali mpe bango balingi kokoma bakambi to mikonzi na bango moko na kozalaka na moto moko te likolo na bango. Yango ezali lolendo mpo été bango balingi te kotosa Liloba na Nzambe mpe yango ezali koyokisa mobali oyo azali mutu nsoni.

Mwasi asengeli 'kozipa mitó na bango' elakisi été bango bakotosaka mpe kosalelaka. Kozanga kozipa mitu na bango elakisi été balakisi soni na bango lokola mitu na bango mikokolami. Kasi bokanisa te été ekoti esengeli kobanda lelo kolatama kati na mayangani. Tosengeli kososola ba limbola na molimo mifandisami kati na maloba oyo.

Pamba te mobali auti na mwasi te, kasi mwasi auti na mobali. Mobali mpe azalisamaki te mpona mwasi kasi mwasi mpona mobali. Yango ntina été ekoki na mwasi kolata elembo na bokonzi na motó na ye mpo na banje. (11:8-10)

Genese chapitre 2 elimboli mpona nini Nzambe Akelaka mwasi mpe lolenge nini mwasi autaka na mobali. Asalemaka lokola mosungi ekoki mpona ye, mpo ete azwamaka na mopanzi na Adamu. Yango tina mwasi azali nkembo na mobali. Likomi na likolo elimboli mpo nini mwasi asengeli kotosa mobali. Ezali mpo ete mwasi asalemaka mpona mobali.

Sik'awa, nini yango elakisi ete, 'yango ntina ekoki na mwasi kolata elembo na bokonzi na motó na ye mpona banje."?

'Kozala na elembo na bokonzi na motó elakisi ete mwasi asengeli kozipa moto na ye. Banje bazali milimo oyo Nzambe Akelaka. Awa na kolobaka ete, 'mpona banje' elakisi ete tosengeli na kondima molongo na mokili na molimo.

Baebele 1:14 elobi ete, "Banje nioso bazali milimo na mosala bakotindamaka mpona kosalela baoyo balingi kozua libula na lobiko, boye te?" Oyo ezali mobeko mpe molongo na mokili na molimo. Nzambe kati na bokonzi na Ye Atindaka banje mpona kosalela mpe na kobatelabandimi.

Bango bazali banje oyo basalelaka biso kati na mokili oyo mpe lolenge Matai 18:10, ezali na banje na Lola bango bakomaka nioso etali biso. Buku na Emoniseli mpe elobeli mpona banje oyo bakomemaka mabondeli na biso kino na Lola (Emoniseli 8:3). Banje batosaka mobeko mpe molongo na mokili na molimo kolandisama na misala na bango.

Nzambe Asalaka banje liboso na ye kosala bato. Na bongo, banje bamonaka Nzambe kosala mwasi longwa na mopanzi moko na Adamu, mpe mwasi yango asalemaka mpona ntina na mobali. Boye, mwasi asengeli kosalela mpe kotosa mobali, mpe soki akosala yango te, lolenge nini mwaje na ye akoki kosalela ye?

Toloba ete moto azali kosala lokola securite mpona company esika wapi mwana na ye azali mokonzi. Akoki kobenga mwana na ye na ndaku 'mwana', kasi na esika na mosala, asengeli mpenza kopesa limemia esengela epai na ye lokola mokonzi na company. Soko te, molongo na bokonzi ekoki te kobatelama kati na company.

Na lolenge moko mwasi asengeli kotosa mobali lokola mokonzi na ye, mpe elembo yango mpona kotalisa ete bazali nan se na bokonzi moko boye, basengeli 'kozipa mitu na bango'.

Nde kati na Nkolo, mwasi azali na bosenga na mobali mpe mobali azali na bosenga na mwasi. Mpo ete pelamoko mwasi asalamaki uta na mobali, bongo mobali abotami na nzela na mwasi. Biloko nioso bikoutaka na Nzambe. (11:11-12)

Kobanda na moto way ambo Adamu, mwasi azali na bonsomi na mobali te, mpe mobali azali na yango na mwasi te. Nzambe Akelaka Adamu na Ewa, mpe apesaki bango nkona mpe libumu mpona kokoba na kobotaka.

Na bongo, eloko nioso euti na Nzambe.

Yango elingi kolakisa ete mwasi mpe mobali bazali lolenge moko kati na Nkolo. Kati na mobeko mpe molongo na molimo, mwasi asengeli na kotosa mobali. Mpe na kotosa kati na molongo elakisi ete tosengeli kozala na malamu mpe na bolingo moko na mosusu. Yango elakisi te ete mobali akoki kaka kopesa mitindo, kotinda, mpe kosalela minyokoli epai na mwasi.

Mwasi abanda na mobali mpe mobali mpe abotamaka na nzela na mwasi. Mingi mingi, moto nioso akokana, kasi mwasi asengeli kotosa mobali kati na Nkolo, mpe bango basengeli na kolingana mpe na kozala na likanisi moko kati na koweba mokano na Nzambe.

Basi Basengela te na Kozipaka Mitu na Bango

> Bokata likambo bino mpenza. Eboongi nde ete mwasi abondela Nzambe wana azipi motó te? Motindo na bato mpenza ekolakisaka biso mpenza te ete soki mobali azali na suki milai, yango ezali nsoni epai na ye; nde soki mwasi azali na nsuki milai, ezali nkembo epai na ye. Mpo ete nsuki na ye milai epesameli ye mpo na ezipeli. (11:13-15)

Na limbola na mosuni, mwasi asengeli kozipa moto na ye lokola elembo ete ye azali nan se na mobali, mpe ezali malamu te mpona mwasi kobondela na kozipa moto te. Na ngambo mosusu, soki mobali azali na suki molai, asengeli koyoka soni na lisosoli na motema na ye. Akoyoka soni mpo ete akosala lokola mwasi.

Ezali lolenge moko na basi. Soki bakolataka lokola mibali, basengli kozala mpenza koyoka soni. Mobali azali elilingi mpe nkembo na Nzambe kati na mokili oyo, nde bongo asengeli ten a komikanga. Nde soki azali na suki milai ezali koyokisa Nzambe soni.

Lisusu, soki mobali oyo ayebi Nzambe mpe mobeko na mokili na molimo abwakisi molongo yango na makambo, asengeli komiyokela soni. Elingi kolakisa ete azali moto na lolendo na tango ekei ye na kotelemela molongo na makambo.

Eteni 15 elobi ete, "…nde soki mwasi azali na nsuki milai, ezali nkembo mpona ye moko? Mpo ete nsuki na ye milai epesameli ye mpona ezipeli." Elingi kolakisa ete basi basengeli te kozipa suki na bango na lolenge na molimo. Bongo, mpo nini basengeli te na kozipa ba suki na bango na lolenge na molimo ?

Soki bolimboli yango na lolenge ekomami, elakisi été mwasi asengeli kolata ekoti esika na suki milai. Kasi na limbola na molimo, basengeli te kolata yango mpo été Molimo Mosantu Akambaka biso kati na solo. Mingimingi, Molimo Mosantu Akotambwisaka mpe Amemaka mitema na biso mpona kobatela molongo na makambo. Alakisaka biso été tosala makambo na mibali lokola mibali mpe makambo na basi lokola basi.

Lolenge ekoyekola bango solo kati na lisungi na Molimo Mosantu, mwasi akoyekola mosala na mwasi. Mingi mingi, bakolandaka molongo na makambo kati na lisungi na Molimo Mosantu ata soki ezali bango kozipa mitu na bango te.

Solo, elingi te koloba été basi basengeli kaka na kozala na basuki milai. Na lolenge na bonzoto bakoki kaka kozala na komonana malamu.

Bakolose 3:18 elobi été, "Bino basi botosaka mibali na bino

lokola ebongi kati na Nkolo." Elobi ete basengeli kotosa mibali na bango kati na Nkolo, kasi libanda na Nkolo te. Nini yango elakisi 'kati na Nkolo' ?

Soki mobali asengi mwasi na ye ete akendaka na mayangani na Mokolo na Mitano na Butu Mobimba te, akoki kotosa mobali na ye. Mokolo na Mitano ekesani na Eyenga. Nzambe Asenga na biso ete tobatelaka mokolo na Eyenga, kasi Asenga na biso ete tokotaka na Mayangani na Butu Mobimba o Mokolo na Mitano te. Ya solo ezali kosepelisa mokano na Nzambe koya na mayangani na Butu Mobimba na Mokolo na Mitano, Kasi mwasi asengeli na kokeba soki mobali na ye apesi ye nzela te. Asengeli kozwa kondimama na mobali na ye na kosalelaka ye na bwanya. Yango ezali kotosa kati na Nkolo.

Lisusu, mobali asengeli te kosenga ete mwasi na ye atosa ye. Bakolose 3:19 elobi ete, "Bino mibali bolinga basin a bino, bosalelaka bango makambo na makasi te." Mibali basengeli kolinga basin a bango lokola bango moko. Bolingo ezali komipesa mbeka mpe na koluka bolamu na ye mosusu. Ekoki te komema na mwasi na ye na makambo na makasi.

Ntina Oyo Kowelana mpe Kobundana Eyaka

Soko moto moko amonani ete azali kotelemela oyo, biso tozali na ezaleli lolenge yango te; mangomba na Nzambe mazali mpe na yango te.(11:16)

Kati na lingomba esengeli kaka kozala na kimia, molongo mpe kotosa. Esengeli te kozala na kowelana to mpe koswana mpona nani azali malamu to mpe oyo azali mabe kati na lingomba. Likambo na kowelana esengeli kozala kaka kati na mokili, kasi kati na lingomba te.

Kati na Kondimana na Kala ezalaki na nzela mosusu te kaka na kotosa mibeko na Nzambe. Nzambe Azali malamu, sembo, mpe bulee. Lokola Nzambe Azali na lolenge na masumu te mpe Alingi kaka kopesa na biso biloko malamu, ezali mpenza ten a nzela mosusu mpona biso kasi na kondima mpe kotosa Ye. Oyo ezali mokano na Nzambe, ete biso totosa moko na moko kati na solo. Kasi soki bandimi bakoswanaka na kobetisaka sete ete oyo bango bakanisi mpe bandimi ezali nzela malamu, misala na

Satana mikomataka. Bongo lolenge nini kowelana ezala kati na bandimi?

Yambo, ezali mpo ete bakoki na komikamba bango mpenza te. Bagalatia 5:17 elobi ete, "Pamba te mposa na nzoto ekobundanaka na mposa na Molimo, mpe mposa na Molimo ekobundanaka na mposa na nzoto; nioso mibale ikotelemelaka, kopekisa bino ete bozanga kosala yango ekani bino."

Bango oyo bazali na ba mbuma libwa na Molimo Mosantu bakowelanaka na basusu te. Bakoki te kosalaka yango mpo ete bazali na kotondisama na bolingo, esengo, kimia, kokanga motema, b aba mbuma misusu na bolamu. Bango oyo bazali na ba mbuma oyo na Molimo Mosantu te bakolingaka kokoba na kolanda ba mposa na nzoto. Bakoki te komikangaka bango moko, mpe kowelana mpe koswana ekomataka.

Na mibale, kowelana ekomataka mpo ete bato bakoki te kolongola nkanda na motema. Bagalatia 5:24 elobi ete, "Ba oyo bazali kati na Christu Yesu basila kobakisa nzoto na ekulusu esika moko na mobulu mpe na mposa na yango." Nzambe Alobi na biso ete tozala na kanda na motema te. Kati na Buku na Yobo, tokoki komona été baninga na Yobo bazalaki na mua nkanda na mitema na bango mpona Yobo mpe kobaki na kolobelanaka. Nzambe Asepelaki te na bango mpe Apesaki na bango été batubela.

Misato, bato bakoswanaka mpona makanisi maye makesana mpe na kowelanaka kati na bango moko. Na tango eloko ekokani ten a makanisi na bango moko, basengeli kotosa kolandisama na molongo. Lokola elobama, "Ebele na balambi, bakobebisaka elubu," tosengeli ten a kobetisa sete na likanisi na biso moko kaka mpo ete ezali na makanisi oyo ekesani na oyo na biso. Soki tokokoba na kokanisa ete likanisi na bison de ezali malamu, tokoki kopesa yango mbala mibale, kasi soki basusu bakondima yango te, ekozala malamu na kobongisa mpe na kotambola na lisanga kolandisama na molongo.

Ata Yesu na ba tango misusu Alongwaki na bisika na tango bato bamekaki kolobana na Ye. Biblia elobi ete Ye Atikala koswama te mpe moto moko te akokaki koyoka mongongo na Ye na balabala. Esengelaki kozala na ebele na makambu oyo ezalaki bato kosala na miso na Yesu. Kasi Atikala na koswana te. Matai 7:6 elobi ete, "Bopesa biloko na bulee epai na mbwa te; bobwaka mpe biloko na bino na motuya liboso na ngulube te." Lolenge elobami, tokoki kopesa solo kaka epai na bango oyo bandimi yango. Soki bandimi yango te, tosengeli te komeka kopesa yango epai na bango. Bongo nde ekozala na kowelana soki mpe na koswana te.

1 Timote 6:3-5 elobi ete, "Soko moto nani akolakisa na nzela mosusu mpe akoboya maloba na sembo na Nkolo na biso Yesu Christu mpe mateyo masangani na makambo na Nzambe, ye wana asili kovimba na lolendo, ayebi likambo te. Kasi abeli motó mpona tembe mpe kowelana na ntina na maloba. Uta na makambo yango ikobimaka zua mpe nkaka mpe kotuka mpe ntembe mabe mpe kowelana kati na bato babebi na makanisi mpe bazangi makambo na solo, baoyo babanzi ete makambo na Nzambe mazali nzela na kozuaka litomba."

Bino bokanisa kaka bizaleli na lolenge nini tozalaki na

yango liboso na biso tondimela Nkolo. Tobikaki te kolandana na Liloba na Nzambe, mpe tozalaki baton a lolendo bango oyo babatelaki te malakisi na bonzambe kati na mitema na biso. Toyebaki eloko moko te, kasi tozalaki kotalisa lokola toyebi mpe tolingaka kowelanaka mpe kolobana.

Bango oyo balandaka solo te bakanisaka ete bango bayebi, mpe balingaka koswana. Baton a lolenge oyo bakanisaka ete bato misusu bayebi makambo te, kasi Nzambe Alobi ete bazali na lolendo. Soki moto moko asali likambo oyo ezali kotelemela solo, tokoki kopesa na ye toli to mpe kolakisa ye, kasi tosengeli ten a koswana na ye. Soki ye akobi na kokende mosika na solo ata topesaki na ye toli, tokoki kaka kotika likambo yango na maboko na Nzambe. Tosengeli te kobuka molongo na makambo na koswanaka mpe na kowelanaka.

Ezali ngai kopesa toli oyo, nazalli kosanjola likambo oyo moko te ete wana ekoyangana bino, ezali mpona komilendisa te kasi mpona komilembisa. (11:17)

Baebele 10:25 elobi ete, "Totika koyangana elongo moko te, pelamoko motindo na bamosusu, kasi topesana toli. Tosala bongo na koleka, awa emoni bino ete Mokolo yango ezali kobelema." Ezali mokano na Nzambe mpona biso koyangana.

Kasi soki tokoyangani mpe tozali na kowelana, ekokoma kaka lingomba na Satana. Koswanaka ezali na litomba moko te. Ezali kaka kopesa pasi na Bokonzi na Nzambe. Toloba ete bato zomi bakoswanaka mpona ba ngonga misato, nde, tango 30 na bato ekobebisama. Soki basali nan se bakowelanaka mpona motindo euti na moto na likolo, ekozala kaka kolekisama na tango, mpe biso tokoki te kokokisa bokonzi na Nzambe na lolenge oyo.

Tosengeli na motindo moko te koswanaka, mpe tosengeli kosilisaka mayangani na lolenge nioso noki noki. Tosengeli na sima kolekisa tango etikali mpona malamu na Bokonzi na Nzambe. Kasi bandimi kati na lingomba na Bakolinti bazalaki kosala bongo te. Paulo alobaki ete ezalaki kosunga te kasi kaka kolembisaka.

Pamba te, liboso nayoki ete bokoyangana lokola lingomba, makaka ikobimaka kati na bino; nazali mpe kondima boye mwa moke. Mokabwano ekoyaka kati na bino solo ete bato na sembo kati na bino bamonana. (11:18-19)

Bokabwani ikoyaka na tango bato bakosalelana bitonga mpe bakoswanaka moko na mosusu. Lelo, ezali na mangomba mingi oyo bazali na bokabwani na bitonga.

Paulo alobi ete ayokaki ete bokabwani ezalaki kati na lingomba a Bakolinti mpe andimaki yango mua moke. Alukakilukaki mpona yango ye moko te, kasi ayokaki kaka mpona yango, nde akokaki te kondimela yango na mobimba.

Moto oyo ayebesaki ye yango akokaki mpe kopesa sango na lokuta mpe yango elobamaki ekokaki mpe kozala lokuta. Lisusu, tokoki te kozwa mobimba na likambo kaka na koyokaka ngambo moko. Paulo akanisaki ete ezalaki na bokabwani, kasi akokaki ten a kondimela yango na mobimba. Yango tina alobaki ete andimaki kaka mua moke.

Eteni 19 elobi ete, "Mokabwani ekoyaka kati na bino mpo ete baton a sembo bamonana" Bokwabawano ekoyaka na tango bato bakeseni na makanisi mpe bakokwanaka longwa na etonga monene.

Kasi Paulo alobi mpona vokabwani baton a sembo mpe mabe bakomonana. Kasi elingi te koloba ete Paulo asepelaki ete bazala na bokwabwani. Alingaki kaka koloba ete ye oyo azali malamu akomonana sima na koswana mpe kolobana kati na bitonga. Toloba ete bato babale bakomi na kowelana makasi moko na mosusu. Longwa na lolenge na kotala na moto na misato, motali na libanda akoka kososola nani azali penza sembo. Kasi mpo ete bazali kowelana bango babale moko te kati na bango azali sembo kolandisama na Liloba na Nzambe.

Toloba ete moko kati na bango mibale bazalaki koswana aponi kobatela kimia na esika na kowelana na tango oyo mosusu akobi na koswanaka mpe na kobetaka sete ete ye malamu. Bongo nani akozala sembo awa? Liboso na bokabwani kosalema bato balingaki ten a kososola soki nani azalaki mpenza kolinga Nzambe mpe azalaki na kondima epai na Ye.

Kasi na nzela na koswana mpe na bizaleli na moko na moko, tokoki kopona ete ye oyo aponi kobatela kimia alingaka Nzambe mpe akomekaka kobika kati na kimia koleka ye oyo akobi na koswanisa.

Ekoki kozala bwanya na bison a tango tosaleli solo na lolenge oyo ara na tango esali biso bombongo kati na mokili oyo. Ya solo, ba oyo bandimela te babikaka kati na solo te. Kasi na kotalaka maloba mpe misala na bango, tokoki kosossola na lolenge moko boye lolenge nini bango bazali pembeni na solo, mingi motema malamu mpe sembo bazali na yango.

 Toloba sinzili na yo kati na company akokosaka yo mbala na mbala. Ata soki azali kolekela kati na likambo oyo ezali ye kosala sasaipi, azali tango nioso na makoki na kokosa to mpe na koyokisa pasi. Boyr, okokoka kopesa na ye mosala na motuya. Soki okozwaka kati na bongo makamba mana nioso na tango ozali kotambwisa resource humaine, okokutana na likambo monene te.

Limbola na Solo na Elambo Esantu

> Ekoyanganaka bino na esika moko, oyo ekoliaka bino ezali elambo elambo na Nkolo te. Pamba te moto na moto akoliaka bilei na ye moko mpe mosusu azali koyoka nzala mpe mosusu azali kolangwa. (11:20-21)

Bandimi na mangomba na ebandeli bakabolaki lipa mpe mpe basanganaki mpona Elambo na Nkolo. Nde tina nini Nkolo Asengegi na bango ete babatela Elambo na Nkolo?

Lipa ekoliaka biso etalisi nzoto na Nkolo, mpe keni makila ma Ye. Na tango Yesu Abakamaki na ekulusu mpona kobikisa bison a masumu Atangisaki mai nioso mpe makila na nzoto na Ye. Apesaki na biso mobeko ete tobatelaka Elambo Esantu mpona kokanisa bolingo na Ye mpe ngolu mpe tobika kolandisama na mokano na Ye.

Alingaki koloba eloko lokola ete, "Na tango nioso bokoliaka mpe bokomelaka kati na Elambo Esantu, bososola tina nini Napesaka nzoto mpe makila mpona bino bokoka na kobika kati na Liloba na Nzambe, mpe boteya Sango Malamu."

Lelo, toliaka lipa wana moko mpe keni moko kati na Elambo Esantu. Kasi bandimi wana kati na lingomba na Bakolinti bazalaki kosomba mapa na bango moko, mosuni, mpe vigno mpe baliaki na lolenge elingelaki bango. Bazalaki na nzala. Baton a misolo bazalaki na ba mesa na bango mpe baliaka kati na bango moko.

Mingi mingi kowelana emonanaki mpe bokabwani ebimaki kati na baton a misolo mpe babola. Bongo Nkolo Asengaki na biso ete tosala Elambo Esantu mpona komema bokabwani mpe masanga? Mayangani mana mazalaki malamu soki moke te na miso na Nzambe mpo été bato na misolo baliaka malamu mpe babola basengelaki na koyoka nzala kati na makutani yango.

Bozali na ndako te ete bomela mpe bolia wana? Soko nde bozali kotiola Lingomba na Nzambe mpe bozali koyokisa bato nsoni baoyo bazangi biloko? Naloba nini na bino? Nasanjola bino? Nakosanjola bino te! (11:22)

Esengeli kozala na ngonga moko ebongisama mpona Elambo Esantu. Kasi kati na lingomba na Bakolinti, bazalaki na yango te. Bazalaki kaka kolia mpe na komela na tango eyokaki bango nzala. Baton a misolo bamileisaki malamu mingi mpe na bongo ezalaki lolenge moko na kotiolaka babola. Ezalaki mpe kotiola lingomba, kobetisa bandeko libaku, mpe komema bokabwani. Sima na ye kotalisa likambo yango, alakisaki na bango makambo na molimo kati na Liloba na Nzambe.

Na tango ezali biso kotalisa ba mbeba na bato misusu mpe

topesi na bango toli, tosengeli mpe kosalaka yango kati na bolingo. Kotalisa pamba ba mbeba na basusu ekosunga na eloko te. Sima na kotalisa makambo misusu, tosengeli kolona kati na bango Liloba na solo. Lolenge oyo, bango bakokoka na kosola, mpe soki bazali na motema malamu, bakososola ba mbeba na bango mpe bakobongisa yango.

Mpo ete yango ezalaki ngai epai na Nkolo epesaki ngai bino ezalaki ete, 'na butu wana ekabamaki Ye, Nkolo Yesu Akamati Lipa mpe esili Ye kotonda, Abuki yango, Alobi ete, 'Oyo ezali nzoto na Ngai mpo na bino. Bosalaka boye mpona ekaniseli na ngai. Bobele bongo mpona Kopo oyo ezali kondimana na Sika kati na makila na Ngai. Bosalaka boye mbala na mbala ekomelaka bino yango mpo na ekaniseli na Ngai. Pamba te mbala na mbala ekoliaka bino Lipa oyo mpe ekomela bino Kopo oyo, bozali kosakola kufa na Nkolo kino ekoya Ye. (11:23-26)

Ntoma Paulo alobi ete apesaki na bango oyo ezalaki maloba na ye moko te, kasi yango oyo Nkolo Apesaki na ye. Yesu Alikaka Elambo na Suka elongo na bayekoli ba Ye na butu liboso na Ye kobakama na Ekulusu.

Yoane 6:53 elobi ete, "Bongo Yesu Alobi na bango ete, 'Solo, solo Nazali koloba na biino ete, 'soko bokolia Mosuni na mwana na moto te mpe bokomela makila na ye te, bokozala na bomoi kati na bino mpenza te.'" Lolenge elobi Yesu na Yoane 14:6 ete, "Ngai Nazali nzela, solo, mpe bomoi," Ye AAzali solo mpe solo ezali Liloba na Nzambe.

Biblia elobi na biso ete tozali na bomoi na seko kati na biso kaka na tango elei biso nzoto mpe tomeli makila na Mwana na Moto. Elingi kolakisa ete tosengeli kozwa Liloba na Nzambbe mpe na kosallela yango mpona kozala na bomoi na seko. Yanngo nntina Nkolo Apesaki Lipa oyoo elakisi mosuni na nzoto na Ye mpe keni elakisi makila na Ye.

Sasaipi, lolenge nini esengeli na biso kokanisaka Ye na mbala nioso ezali biso komela yango?

Elakisi ete tosengeli kokanisa ete Nkolo Atangisaki makila ma Ye mpona kosikola bison a masumu mpe na kopesa biso bomoi. Masumu ma biso makoki kolimbisama mpe bomoi ekoki kopesamela biso kaka na tango elei biso mosuni mpe emeli biso makila na Nkolo'. Paulo Alobi na biso ete tosengeli kokanisaka limbola na molimo na oyo tango nioso ekokabola biso Elambo Esantu.

Na koleka na tango ebele na bato bazali kobosana mpona ngolu ezwaki bango mpe ntina bazali na yango mpona kopesa matondi. Yesu Ayebi motema oyo na bato malamu mingi, mpe yango tina Asenga na biso ete tokanisaka ngolu na Ye mpe bolingo na koliaka lipa mpe na komelaka keni.

Na koliaka mosuni na Ye mpe komelaka makila ma Ye, tosengeli kaka kokende na nzela na lobiko te, kasi mpe koteyaka Sango Malamu na molende mpona kobikisa ebele na milimo. Nini ezali ntina na koliaka mpe na komelaka kati na kozanga kososola makambo mana?

Boye soko nani akolia Lipa mpe akomela kopo na Nkolo na motindo mobongi te, azali na ekweli na ntina na nzoto mpe na makila na Nkolo. Tika ete moto amimeka ye mpenza mpe bongo alia Lipa mpe amela Kopo. Pamba te, ye oyo akomelaka mpe akoliaka, akomiliela mpe akomimelela ekweli soko akososola nzoto te. Yango wana mingi kati na bino bazali na bolembu mpe na malali mpe bamosusu basili kokufa. (11:27-30)

Moto moko te asengeli kolia Elambo Esantu kka na pwasa mpe na kozanga kososola yango mpe na kokanisa. Soki bazali na masumu, basengeli kotubela mpe na kolongwa na yango Soki bakoki kosalela yango ten a tango wana, basengeli ten a kolia Elambo. Ntina oyo boliaka Elambu Esantu ezali mpona kososola yango, mpona biso kokoka kobika kati na Liloba na Nzambe, Nzambe Apesa Mwana na Ye mpe Asenga mpona Ye kotangisaka makila mpe Akaba nzoto na Ye na Ekulusu. Soki toyebi makambo oyo kasi tokobi na kosumuka, mpe toliei Lipa Esantu mpe na Kopo Esantu, ezali kotiola Nzambe.

Na bongo, tosengeli naino komitala na talatala na Liloba na Nzambe mpona kotala soki tozali na lisumu moko to mpe te. Soki tokosalaka kaka masumu kati na koyeba, tondimami soko te mpona kolia mpe na komela. Tokoki koliaka kaka na tango tokanisi ete tokoki mpenza kati na epimelo na solo.

Eteni 29 elobi ete, "Pamba te, ye oyo akoliaka mpe akomelaka, akomiliela mpe akomimelela nkweli soko akososola nzoto te." Elakisi ete soki moto oyo azali mpenza na makoki ten a kolia mpe na komela akobi kaka na kolia mpe na komela, ekozala kaka lisumu liboso na Nkolo.

Eteni 30 elobi ete, "Yango wana mingi kati na bino bazali

na bolembu mpe na malali mpe bamosusu basili kokufa." Awa, baton a bolembu bazali bango oyo bazali na bokono iyaka na nzela na ba germe te kasi na bibosono, ba bukabuka na bana, to mpe na kokufa miso.

Awa, 'kolala' elakisi kozala bakufi miso na molimo. Bandimi nioso basengeli na kozala na miso na bango na molimo mifungwama, mpo ete bakoka na kososola mokano na Nzambe na tango ezali bango koyoka Liloba na Ye, kososola elongo na Ye, mpe koyoka mongongo na Molimo Mosantu.

Kaka wana nde tokoka kondima Liloba na Nzambe kati na esengo mpe toyoka yango elengi lokola mafuta nzoi. Kasi ata soki moto akoki kozala Mokristu ba mbula ntuku mibale, soki akoliaka te mosuni mpe akomelaka te nzoto na Nkolo, mingimingi soki azali kobatela te Liloba na Nzambe kasi azali kaka kokende na lingomba, elakisi ete azali kaka kati na nzoto mpe na 'kolala'.

Elobi ete, "Pamba te ye oyo akoliaka mosuni mpe akomelaka makila, akomiliela mpe akomimelela ekweli, soko akososola nzoto te." Awa, tosengeli kososola ete, bango bakomaki na bolembu to na malali mpo ete balikaki malamu te mpe bamelaki makila na Nkolo.

Lolenge nini bokono eyelaka biso? Esode 15:26 elobi ete, "Soko okoyoka mongongo na YAWE Nzambe nay o, mpe okosala yango ezali sembo na miso na ye, mpe kotosa mibeko na ye mpe kobatela mibeko na Ye nioso, mbele Nakoliela yo malali moko te matiaki Ngai na Baejipito, mpo ete Ngai Nazali YAWE Mobikisi na yo."

Yesu Abikisaki moto oyo azalaki kobela ba mbula 38 mpe kati na Yoane 5:14 Alobi na ye ete, "Tala, osili kobika; sala lisusu lisumu te ete likambo lileki mabe likomela yo te." Yesu Asosolisaki ye ete bokono wana ekomaka na nzela na lisumu.

Sasaipi, na tango moto akoki te mpona kolia Elambo Esantu, elakisi ete azali kobika kati na masumu, mabe, mpe na bozangi sembo. Moto akozwaka malali to akokoma na bolembu mpo ete azali te kobika kati na Liloba na Nzambe, mpe akobi na kozala mokufi miso na molimo.

Soko nde tokomisosola tokozwa ekweli te. Nde, wana Nkolo Akosambisa biso, tozali kozua etumbu boye ete tokweisama esika moko na mokili te. Bongo, bandeko na ngai, ekoyangana bino mpona kolia, bolimbisanaka moto na moto moninga na ye. Soko moto ayoki nzala, tika ete alia na ndako ete bayangana mpona kozua ekweli te. Nakobongisa makambo matikali wana ekoya ngai. (11:31-34)

Soki tomisambisaki kolandisama na Liloba na Nzambe, tokobika solo kati na solo, nde bongo tokosambisama epai na Nzambe te. Na tango moyini Satana afundi bison a kolobaka ete, "Ozali mosumuki. Osalaki lisumu oyo!" Nzambe Akoki kokoba na kobatelaka biso mpo ete kofunda wana esengela te.

Tosengeli ten a kosambisama liboso na Nzambe. Tosengeli komema Nzambe kolobaka ete, "Balingami bana ba Ngai Babali mpe basi!" Soki tozali na likambo na kosambisama epai na basusu, Satana akofunda biso epai na Nzambe. Nde, bongo,

Nzambe Akobalolela biso kaka elongi kolandisama na mobeko na mokili na molimo. Satana akomemela biso ba bokono, kosambisama, mpe minyoko, na kokomisa biso bakufi miso na molimo. Yangon de ezali ete, 'kosambisama liboso na Nzambe' na kobukaka mobeko na mokili na molimo.

Kasi Nzambe Andimaka kofundama na Satana ezala mpo ete Ye Alingaka biso. Baebele 12:6-8 elobi ete, "Pamba te, Nkolo Akopesaka bitumbu epai na ba oyo Akolingaka bango, Akobetaka mwana na mwana baoyo Ye Akoyambaka bango. Boyika mpiko mpona etumbu. Nzambe Azali kosalela bino lokola bana. Mpo ete mwana nani azali,oyo tata na ye akopesaka ye bitumbu te? Soki bozangi etumbu, oyo bato nioso basangani na yango, bozali bana babotami na ekobo, bozali bana na solo te."

Nzambe Andimaka bitumbu mikomaka mpo ete ban aba Ye bakoka te kosangana na mokili mpe bakende nzela na libebi. Soki moto oyo alingaka Nzambe asumuki, akozwaka etumbu na mbala moko. Ezali elembo ete Nzambe Alingaka ye.

Eteni 33 elobi ete, "Bongo, bandeko na ngai, ekoyangana bino mpona kolia, bozilasanaka moto na moto na moninga na ye." Paulo azali kosenga na bango ete, sasaipi basengeli kososola solo, limbola na solo na Elambo Esantu mpe basengelaki na kosangana elongo mpona kokabola Lipa. Lelo, tozali kaka kolia mpe komela moke mpo ete ezali elembo. Kasi, na tango wana ezalaka na kokesana. Paulo alobi ete soki moto azalaki na nzala makasi mpona kozela baninga na bango, esengelaki balia na ndako.

Elobi ete, "Nakobongisa makambo matikali wana ekoya ngai." Paulo akokaki te kokoma na mozindo makasi nde alobaki na bango ete akoyebisa na bango mingi na koleka na tango ekoya ye kotala bango.

Chapitre 12

Makabo na Molimo Mosantu

Molimo Mosantu Asosolisaka Biso Nkolo Yesu

Ebele na Makabo na Molimo Mosantu

Tozali Nzoto na Kristu

Molongo Kati na Lingomba

Molimo Mosantu Asosolisaka Biso Nkolo Yesu

Bandeko nalingi te ete bozanga koyeba mpona makabo na molimo. (12:1)

'Bandeko' elobeli bana na Nzambe. 'Makabo na molimo' mazali oyo ekeseni na makambo na mosuni yango ezali kolobela makambo mazwami kati na mokili na molimo.

Lokola bato tokobikaka kati na mokili na dimension na misato. Mokili na dimension minei ezali dimension na mokili na molimo mpe yango ezali mokili oyo embongwanaka te mpe na libela yango oyo ezali mpenza nan se na bokonzi na Nzambe. Ya solo mokili na dimension misato ekelamaki mpe na Nzambe mpe Akonzalka yango, kasi azali mpe Mokonzi na Mokili na molimo.

Bongo ntoma Paulo alobi ete alingi mpe bandimi nioso basosola mpona makambo mana na molimo. Biso tobikaka kati na mokili na dimension misato, kasi na tango eyambi biso Nkolo, molimo na biso eye ekufaka akozwaka lisekwa, mpe biso tokomi bana na Nzambe.

Ba nkombo na biso makomami kati na Buku na Bomoi,

mpe tokomi baton a bokonzi na seko kati na Lola. Na bongo, tosengeli koyeba mpona mokili na molimo. Ata soki emonanaka te, tosengeli kondima ete mokili na dimension minei ezalaka mpe tolanda mobeko na mokili na molimo.

Mpo ete bazali naino kobika kati na bosuki na nzoto na mokili na dimension misato, bato misusu bakoki te kosolola na Nzambe. Bakoki mpe te kozwa biyano na Ye mpe bakoki te komona misala ma ye ata soki bakolobaka ete bandimela. Boye, na tango ezali biso koloba mpona mokili na ba dimension minei, bato yango bakozalaka na tembe mpe bakoki mpenza kondima te.

Yango tina tokomonaka kati na Biblia ete Yesu elongo na bayekoli ba Ye bazwaki minyoko na bato. Bafalisai, bakomi na mibeko, mpe ban ganga Nzambe bandimelaki Nzambe mpe balandaki Mobeko, kasi bakokaki te kososola makambo na molimo. Bandimaki kaka oyo ekokaki bango komona na miso na bango. Bongo, na tango emonaki bango eloko na mokili na dimension minei kosalema, balingaki yango te mpe banyokolaki bango oyo batalisaki makambo mana. Mpo ete mokili na lelo etondisami na mabe mingi na koleka wana mpe bozangi sembo ezali mpe ekozala na minyoko na koleka mpenza.

Boyebi ete na ntango ezalaki bino bapagano, bopengolamaki kobila bikeko bizali na mingongo te. (12:2)

Bomoi na lolenge kani ebikaki bino liboso na bino koyamba Yesu Christu mpe na koyamba Molimo Mosantu?

Basusu bakoki koloba ete batikala kosambela bikeko te. Kasi ata bongo, bato wana basila kongumbamela eloko moko.

Basusu basalela bato, mibali na bango to basi, to mpe ata bana na bango lokola bazalaki bikeko. Basusu batikala kolandela bandeko kati na mabota na bango te, mpe bangumbamela boyebani to bokonzi na mokili lokola bikeko na bango. Nde basusu bangumbamela bolandi na koyekola to misolo lokola bikeko na bango. Basusu bamingumbamela bango mpenza lokola bikeko.

Ya solo ezali na bato oyo bamisalelaka bililingi na ba nzete, mabanga, to wolo mpe bangumbameli yango. Basusu bangumbamelaka mi, sanza, to minzoto. Basusu babengaka banganga kisi na tango bakomi na malady. Na kosalaka bongo elingi koloba ete bademona bakomi bikeko na bango.

Bongo yango ezalaka soni makasi te, na tango bato bangumbamelaka bikeko na lolenge oyo liboso na bango koyeba Nzambe? Boni soni yango ekozala na tango bato bazali kosambela bililingi misalema na bato mpe liboso na yango bakolobaka makambo lokola ete, 'Tika ete naleka momekano oyo na koyekola', 'Tika bombongo na ngai ekende liboso', mpe ;Pesa ngai kofuluka'!

Na tango tozali kobondela kati na kondima, kokesana na bikeko mana, Nzambe Azali koyanola biso ata sik'oyo. Soki kaka tokobatelaka mokolo na Nkolo bulee mpe topesi moko na zomi, yango ezali moboko na bomoi na Bakristu, Ye Azali kobatela bison a ebele na makama.

Soki likama na mituka mikomeli biso, esengengeli kozala na tina, lokola tobatelaki te bulee mokolo na Eyenga to mpe topesaki moko na zomi na kokoka te. Na makambo mana Nzambe Akoki kobatela biso te. Tokoki koloba ete bomoi na biso epambolama kaka na tango tozali na elikia na Bokonzi na Likolo, toyebi mingi mpona mokili na molimo, mpe tozali kosalela Nzambe na Nguya Nioso, kasi te bikeko mikoki ata koloba te.

Bongo nazali koyebisa bino eteb moto te akoki koloba ete, 'Yesu Afingama, wana ezali ye koloba na Molimo na Nzambe. Moto mpe te akoki koloba ete, 'Nkolo Yesu', soki na Molimo Mosantu te. (12:3)

Toyoka mateya na nzela na ekulusu, mpe toya na koyeba ete Yesu Christu Azali Nkolo mpe tofungola motema na biso. Bongo Nzambe Ayaka kotinda Molimo Mosantu kati na mitema na biso. Molimo Ebotaka molimo. Mingi mingi, na lisungi na Molimo Mosantu, tososoli masumu mpe tosaleli boyengebene.

Soki tobiki ba bomoi na biso na seko kati na misala mana na Molimo Mosantu, lolenge nini ekoki biso koloba ete, 'Yesu Afingama'? Lolenge nini tokoki koloba ete Azali malamu te, mabe, to mpe kososola te?

Bango oyo bayamba Molimo Mosantu basengeli te koloba makambo na lolenge oyo. Liboso, na tango tondimelaki te Yesu Christu lokola Mobikisi na biso, tobengaki Ye Nkolo na biso te. Basusu bakokaki kaka koloba yango na bibebo na bango, kasi bango basosolaki Ye te kati na mitema na bango. Kasi ba oyo bayambaki Molimo Mosantu bandimaka été Yesu Christu Azali Mobikisi na biso na kozanga koyoka kotelemela moko kati na yango soko nini. Bango oyo bazwa Molimo Mosantu te bakoki mpenza koloba te été Nzambe Azali Tata, kasi bango oyo bayambi bakoki kobenga Ye Tata mpo été Azali Ye oyo Abota milimo na biso.

Motindo na Motindo na Makabo na Molimo Mossantu

Makabo mazali motindo na motindo, kasi Molimo Azali moko. Ntomo izali motindo na motindo, kasi Nkolo moko. (12:4-5)

Awa kombo na 'likabo' elakisi mosala moko na motuya oyo esalemi kati na bolingo na Nzambe. Ezali likabo eye epesamelaka bison a ngolu na Nzambe mpe moko kati na makambo mingi makosalemaka na nzela na ngolu na Ye. Na yango, mosala na lobiko, koyamba Molimo Mosantu, kozwa lobiko na Nzambe, bongo, na bongo. Izali makabo na Nzambe.

Ezali mpe likabo na Nzambe na tango tozwi eyano kati na mabondeli na biso.

Kati na makabo Nzambe Apesaka na biso, ezalaka na misusu kati na bango izalaka na ba kombo na molongo na bango moko.

Ezalaka na likabo na bwanya, likabo na boyebi, likabo na kondima, mpe likabo na kobikisa na Nzambe.

Makabo mapesamaka na misala na Molimo Mosantu, nde

moto akoki kozwaka yango kaka sima na koyamba Molimo Mosantu. Nde, soki bango oyo babikaki kati na Kondimana na Kala bayambaki naino Molimo Mosantu te, lolenge nini bakokaki na kotalisa likabo na kosakola? Na kondimana na Kala, Molimo Mosantu Azalaki kati na mitema nab to te. Kasi, bango bakokaki kosakola na tango Molimo mosantu Azalaki kosimba bango na libanda. Yango tina bakokaki kosakola tango nioso te kasi kaka na tango basimbamaki na Molimo.

Na ngambo mosusu, na eleko na Kondimana na Sika, tokoki tango nyoso kosololaka na Nzambe soki totondisami na Molimo. Na tango totondisami na Molimo, tokoki kozwa likabo na minoko na sika to mpe na kobikisa

Ba Lotomo Oyo Mapesami na Nkolo

Makabo mautaka na Molimo Mosantu esika nioso ba lotomo eutaka epai na Nkolo. Ebele na ba lotomo lokola ba diacre, ba mpaka, mpe basali na Nzambe, epesamaka na Nkolo. Mipesamaka na biso mpo ete tokoka kotatola Yesu Christu, tobikisa milimo, mpe tokokisa bokonzi mpe boysembo na Nzambe. Ba lotomo na balakisi na kelasi na Eyenga to mpe na bayembi na Chorale mizali ba lotomo mindimami na Nkolo, mpe mizali nioso na motuya.

Ezali na bokeseni monene kati na kozala na misala oyo mpe kozala na yango te kati na molende na biso mpe na koyoka lolenge na kofutama. Ezali eloko moko na motuya mpona kozwa misala na Nzambe. Kasi soki tokomeka kosala na lolenge lokola tolingi te to na koyoka lokola topusami na makasi, nde bongo tokoki mpenza te kondimama kati na Bokonzi na Nzambe na mikolo na liboso. Tokoki kozwa makabo na Lola kaka na tango ezali biso kokokisa misala eye kati na matondi, esengo, mpe kondima.

Ezali na ebele na ba lotomo mingi lokola kozala moko na bayembi to mpe babeti mandanda, bango babetaka ebele na biloko na bokonzi na Lola. Ezali eloko moko pasi na mpona kokokisa misala na bison a mokili oyo, kasi kati na Bokonzi na Lola ezali mpenza pasi te. Ezali kaka eloko na esengo mpe na kosepela. Bongo, soki tokosala makasi te mpona kokokisa misala Nzambe Apesa na biso mpo ete tomoni ete tozali na tango tr mpona misala na biso na mokili, nini ekozwa bison a tango totelemi liboso na Nzambe?

Na tango ezalaki biso bana mike, soki molakisi na biso asengi na biso tosalela ye eloko, tozalaki na esengo. Tozalaki na esengo mpo ete tomonaki ete tolingami mpe toyebani na molakisi. Bongo boni motuya yango ekozala ete tondimama na Nzambe Mokeli mpe tosala mpona Ye! Na bongo, soki tozali na kondima, tosengeli kopesaka matondi mpona misala na biso mpe lotomo.

Lisusu, tosengeli te kokanisa ete ebonga to mpe lotomo oyo epesamaki na pasteur na biso to mpe motambwisi na etonga. Tosengeli kososola ete epesamaki na bison a nkombo na Nkolo na kotambwisama na Ye.

Misala izali motindo na motindo, kasi Nzambe moko akosalaka nioso kati na bato nioso. Nzela na komonisa Molimo epesameli moto na moto mpona litomba na nioso. (12:6-7)

Misala mizali na Nzambe. Misala ma Ye mikesanaka na tango na tango, mpe misala na lolenge nioso mikambamaka na Nzambe.

Misala nioso mikonzamaka na Nzambe, kasi misalemaka na nkombo na Yesu Christu. Ba lotomo mipesamaka na Nkolo, mpe mikosalemaka na nguya na Molimo Mosantu. Na suka, makambo nioso mikokisamaka na misala na Nzambe Misato.

Eteni 7 elobi ete, "Nzela na komonisa Molimo epesameli moto na moto mpona litomba na nioso." Lolenge nini komonisama na Molimo malamu mpona biso nioso ? Molimo Mosantu Ayaka epai na moko na moko mpona kolona kondima kati na biso mpe komema biso na koboya masumu mpe tobika kati na solo mpe na boyengebene.

Lisusu, tokoki te kososola solo soki na Molimo Mosantu te. Na misala na Molimo Mosantu toyekoli mokano na Nzambe mpe tokei nzela Nzambe Alingi. Tokozwaka mpe eyano na nini ezali biso kosenga mpe topesa nkembo na Nzambe. Na bongo, misala nioso na Molimo Mosantu mizali malamu mpona biso.

Pamba te mpona Molimo, moko na moko azwui maloba na bososoli, mosusu azwi maloba na mayele na molimo yango moko; (12:8)

Awa, nani ezali 'moko na moko'? Nzambe Alingi kopesa makabo na biso nioso, kasi Ye Akoki te kaka kopesa yango na kolanda te. Akopesaka na bango oyo babongisi sanii esengela mpona kozwa yango. Nasilaki kolimbola kati na mozindo mpona bwanya na chapitre 3. Ezali na ba lolenge mingi kati na bwanya lokola bwanya na bomoi na bison a mokolo na mokolo, bwanya kati na mitema, bwanya na kosalaka misala na biso.

Tika ngai napesa na bino ndakisa mpona kolimbola 'liloba na bwanya'. Bato misusu basangisaka biloko na kobwakama mpona kokomisa yango bisalelo. Yango ezali lolenge na bwanya kati na bomoi na biso.

Na tango ezali biso kosala mosala na kobongisa ndako, talo na kobika bomoi na biso ekokesana kolandisama na bwanya na biso. Ndakisa, ezali na bato na misolo na kokokana mpona kobika mpe na lifuti ekokana, kasi basusu bazalaka tango nioso na bozangi na tango basusu basombaka nioso elingi bango mpe bakokaka kobatela mua ndambo.

Ezali lolenge moko na Liloba na Nzambe. Moko na moko akosalela Liloba na Nzambe na ba lolenge na kokesana. Bango oyo bazwaki likabo na liloba na bwanya bakoki kosalela Liloba na Nzambe na esika esengela mpenza. Ezali mpo ete ezali moto nde akosalela Liloba na Nzambe te kasi Molimo Mosantu.

Molimo Mosantu Akoki kobongola bango oyo bazali mabe mpe na kozanga sembo mpona kozala na kimia mpe na motema malamu na Liloba na Nzambe. Abongolaka baton a lolenge oyo mpo ete bakoka kopesa makasi na basusu mpebapesa matondi. Na kolonaka kondima kati na bango, Atambwisaka bango mpo ete balonga mokili na elikia na Bokonzi na Lola.

Kasi bango nioso bakobongwama te. Moto na moto azali na bokeseni na elanga na motema na ye. Ezali na bato misusu oyo mabele na motema na bango ezali malamu, misusu mizalaka na ba nzube, misusu misangana na mabanga, mpe misusu mizali lokola mabele na ba balabala. Lisusu, moto na moto azali na makoki makesana mpe monene na koyika mpiko. Bongo, ata na liloba moko, moto nioso azali na bokeseni kati na monene na mbongwana oyo ezali kosalema kati na ye.

Basusu bazalaka na lisosoli na motema na lolenge yango etiamaki ebende na moto mpe bango bambongwanaka soko moko te. Yudasi Mokaliota alandaki Yesu ba mbula misato mpe ayekolaki solo, kasi atikala kombongwana te. Na tango ntoma Paulo atalisaki bilembo na bikamwa, ebele na bato balandaki ye mpe batatolaki mpona Nzambe na bomoi. Kasi mingi mpe kati na bango batikaki Nzambe mpe bango bazongelaki mokili. Bato oyo bazwaki likabo na liloba na bwanya bakoki kombongwana nokinoki bango oyo bazali na makoki na kombongwana.

Bongo, lolenge nini tokoki kozwa likabo na liloba na bwanya?

Yakobo 3:17-18 elobi ete, "Nde mayele euti na likolo ezali liboso mpeto, na nsima ezali na kimia na boboto, na kotosa noki, matondi na mawa mpe na mbuma malamu, na ntembe te, na bokosi mpe te. Mbuma na boyengebene ikokonama na kimia na bango bakosalaka kimia."

Tokoki kozwa bwanya na Nzambe na lolenge biso tobulisami. Kasi yambo, tosengeli kozala peto, na kimia, malamu, na bososoli, na molende, mpe na bilongi mibale ten a miso na Nzambe. Tokobota ba mbuma na bolamu, kimia, bosokemi, mpe bolingo na lolenge ekolia biso mosuni mpe tomeli makila na Nkolo. Tokozwa bwanya na Nzambe na lolenge ebiki biso kati na solo mpe tobulisami. Na tango maloba oyo nioso na Nzambe makolisami kati na biso, tokozwa bwanya ezanga suka na Nzambe. Yango lolenge tozwaka likabo na liloba na bwanya.

Tokozala na nguya makasi soki tozwi likabo na liloba na bwanya. Ndakisa, na tango ezali biso kokamba bombongo, tokoki kokende nokinoki na liboso mpo ete bwanya na biso ekozala na mosika koleka na basusu. Tokokoka kosala nioso na malamu ata kopesa education na bana, komema kimia kati na libota, koteya Sango Malamu, mpe koteya baninga mpe bazalani.

Eteni na suka na eteni 8 elobi ete, "Mosusu azui maloba na mayele na Molimo yango," Kolandisama na Dictionaire na Merriam-WEBSTER na Internet 'mayele' ezali 'lolenge mpe condition na koyeba eloko na lolenge tomesani na yango na nzela na experience to mpe kosangana.'

Bana bebe babotami sika bazalaka na mayebi te. Batiaka oyo emoni bango, eyoki nbango, mpe bayekoli kati na ba cellules na ba bongo na bango ndenge ezali bango kokola. Makambo mana makomaka 'mayebi'.

Mpe eteni monene na mayebi na lolenge yango ezali malamu te. Ndakisa, ebele na baboti bayekolisa bana na bango été bazongisa na tango babeti bango na bana misusu. Likabo na liloba na boyebi kati na Biblia epesaka na biso été tososola limbola na molimo na Liloba na Nzambe, kososola motema na Nzambe, mpe tokolisa yango kati na motema na biso. Mpona biso komilatisa na liloba na boyebi, miso na biso na molimo masengeli na kofungwama mpo été tokoka na kososola Liloba. Soki te, tokososola lolenge na solo te, kasi kaka limbola na nzoto na Liloba na Nzambe.

Ndakisa, ba diacre to basali kati na lingomba bakoyebaka solo eteni na 1 Batesaloniki 5 :16-18 kolobaka été, "Sepela tango nioso, bondelaka na kotika te ; na nioso bopesaka matondi ; mpo été yango mokano nanNzambe kati na Yesu Christu. » Kasi na b ambla mingi bayebaka kaka oyo wana.

Kasi basengeli kososla limbola na molimo kati na eteni mpe kokomisa yango oyo na bango kati na motema na bango. Kaka wana nde ekoki kokoma liloba na boyebi. Nini tina na kolobakalobaka yango kaka ?

Sasaipi, misala na lolenge nini mikosalemaka epai na bango oyo bavandisaka makomi oyo lokola na bango moko kati na motema? Basosoli limbola na molimo na eteni kolobaka ete, "Sepela tango nioso" nde bongo bazali kosepela ata kati na mimekano mpe ba kokoso, mpe bazali kopesa matondi kati na makambo nioso na kobondela.

Tokoki kokota kati na bokabwani na molimo soki tososoli Liloba na Nzambe na molimo mpe tokomisi yango oyo na biso. Kasi soki liloba na molimo ekolisami kati na biso te, ekolandisama na mosala moko te. Nde, elakisi été tokokoka te kozwa misala na Nzambe.

Nde mpo nini elobi été, "likabo na lolenge oyo ? ezali mpo été tokoki te kososola yango to mpe kokomisa yango oyo na biso soki lisungi na Molimo Mosantu te. Bango oyo balingaka

Liloba na Nzambe mpe batondisama na Molimo bakoki kozwa lisungi na Ye, nde bakoyoka été mateya mazali elengi lokola mafuta nzoi na kozalaka makanis na pamba te to mpe konimba.

Mpe na lolenge kondima na bango ezali kokola, bakososola motema mpe mokano na Nzambe mpe basala kolandisama na mobeko na mokili na molimo, nde bakotambwisama tango nioso na nzela na bofuluki. Moyini zabolo mpe Satana bakoki te kotungisa bango kasi bakolongwa na bango.

...mosusu azwi kondima kati na Molimo Yango, mpe mosusu azwi nguya na kobikisa na Molimo Yango, (12:9)

Bato misusu bazali na kondima makasi kala te sima na bango koyoka mpona Nzambe. Lolenge nini tokoki kozwa likabo oyo na kondima mpona kondimela na mbala moko? Lolenge elimbolami na likolo ezali na mabele na lolenge minei mpona kotalisa motema na moto; yango: mabele malamu, mabele na ba nzube, mabele na mabanga, mpe mabele na balabala.

Mabele malamu ezali motema malamu eye ezali na mabe moko te. Bango oyo bazali na mitema malamu bakobongola maloba ata bizaleli na bango na tango bango basosoli été bazali mbeba na nzela na Liloba na Nzambe. Soki bakutani na eloko ezali malamu te kati na bango, bakolongola yango kaka na mbala moko kolandisama na lisosoli 'malamu' na motema.

Lisusu, na tango ekutani bango na Nzambe na Bomoi to mpe bamoni mua bilembo, bakondimela Nzambe mbala moko. Nzambe Apesaka likabo na kondima na bato na lolenge oyo.

Bongo lolenge nini bango bazali na 'mabele malamu te'

bakoki kozwa likabo na kondima? Kondima epesamaka na Nzambe. Moto akoki kaka kozala na yango te lolenge elingeli ye. Kati Malako 9:23, na tango Yesu Alobaki ete, "Soki Okoki?'Nioso ekoki na ye oyo andimi," Moto oyo azalaki na mwana akangami na milimo mabe azongisaki ete, 'Nandimi; sunga ngai na tembe na ngai."

Awa na tango alobi ete "Nandimi," elakisi ete ye ayokaki sango na nguya na Yesu, kosekwisa na bakufi mpe komonisa na bakufi miso. Kasi ye akokaki te kozwa oyo esengaki ye na kondima oyo elekaki kondima na lolenge na koyeka kaka te. Kondima oyo ezalaki kondima na solo ten a yango oyo akokaki kondima kati na motema.

Moto akoki kozwa oyo ezali na ye kosenga kaka na kondima na molimo, mpe kondima yango epesamaka na Nzambe. Moto oyo akokaki mpenza te kondima na motema, mpe asengaki na Yesu ete Apesa ye kondima na molimo, mpe Yesu Apesaki.

Lolenge likambo na likolo, ezali na kondima mibale. Kaka na kondima oyo ezwami lokola mayebi na nzela na mayele, moto akoki te kozwa lobiko to mpe kozwa biyano kati na kobondela. Kasi, na tango kondima oyo lokola mayebi embongwani na kondima na molimo wana nde misala mikozala kolandisama na mbongwana. Kaka wana nde moto akoki solo kozwa lobiko mpe lisusu kozwa biyano na mabondeli na ye.

Sik'awa, lolenge kani tokoki kozwa kondima na molimo eye epesamaka na Nambe?

Mpona kozwa kondima epesami na Nzambe, tosengeli kotia Liloba eyebi biso kati na misala. Tosengeli kobondela mpona kozwa kotondisama na Molimo, kolongola lokuta kati na biso mpe kotia solo na esika wana. Bongo, tokoki kozwa kondima na molimo oyo eutaka na likolo na lolenge ezali biso kosala kati na solo. Mpona oyo kosalema, Molimo Mosantu Asengeli na kosunga biso mpona kososola solo mpe na kolongola masumu. Yango tina ezali koloba ete, "Kondima kati na Molimo yango."

Eteni ekobi na koloba ete, "mosusu azwi nguya na kobikisa na Molimo yango." Likabo na kobikisa ezali kobikisa na nzela na kobondela ba malali misusu mayaka na nzela na ba germe. Ata ba bokono misusu na makasi ikoki kobikisama na tango moto ayambi libondeli na moto oyo azali na likabo na kobikisa.

Na tango moto asumukaki nde sima ayambola makasi mpe abondeli epai na Nzambe, Nzambe Akoki koyokela ye mawa mpe kobikisa ye. Kati na likambo na lolenge oyo mpe, soki ayambi libondeli na moto oyo azali na likabo na kobikisa, akoki kobikisama nokinoki.

Ya solo, makambo makesana kolandisama na ba lolenge na ba bokono. Ndakisa, soki moto azali na etape na misato na cancer, akoki tango mosusu te kobika sima na libondeli kaka moko. Cancer esengelaki kokola kati na ye mpo ete abikaki te kati na Liloba na Nzambe. Akomisaki motema na ye mabe mpe mabe koleka na tango ezalaki ye kotonga efelo na masumu liboso na Nzambe, nde ekoki te mpona ye kondima solo. Alukaki ba kisi na minganga nioso, kasi nioso ezalaki se pamba mpe na suka ayei kotiela Nzambe motema. Yango likambo na mingi na bato.

Baton a lolenge oyo bazali na mitema mabanga. Na tango

ezali bango koyoka Liloba, bazalaka kaka na tembe mpe bakoki kososola yango na pete te. Kasi soki solo bafungoli mitema na bango, batubeli, mpe bazali na kondima, bakoki kobikisama na libondeli moko sima na poso moko to bongo.

Lisusu, elingi te koloba kaka ete bango oyo bazali na likabo na kobikisa nde bakoki kobikisa ba bokono na libondeli na bango. Bokoni ekoki kobika na libondeli na moyengebene (Yakobo 5:16). Na tango ebele na bato bazali kobondel mpona moto na malali kati na misala na Molimo Mosantu, akoki kokoma malamu. Ezali mpo ete libondeli na bolingo ekosimba motema na Nzambe.

Lisusu, soki bolakisi kondima malamu, Nzambe Akoki kotalisa misala ma Ye. Ndakisa, soki mokambi na cellule abondeli mpona moko na bandimi na ye, moto yango akoki kozongela nzoto. Ezali mpo ete Nzambe Asalaka kolandisama na kondima na biso lokola elobami ete, "Esalemela yo lolenge endimi yo."

Kasi ata soki moto oyo azali na likambo na kobikisa abondeli mpona mobeli, ekosala te soki moto na kobela azali na kondima te. Na tango Yesu Abikisaki mokufi miso Alobaki ete, "Esalemela yo kolandisama na kondima nay o" (Matai 9:29). Nde, tosengeli kaka komema moto oyo azali na kondima moko te mpona kozwa libondeli na mosali na Nzambe oyo azali na likabo na kobikisa. Kasi, soki bazali ata na kondima moke mpenza, Nzambe Akosala kolandisama na kondima yango.

Na ba tango misusu, Nzambe Asalaka na lolenge na kokamwisa mpona bango bazali na kondima te. Bakomaka na malali mpo ete babikaki kati na solo te mpe mpo ete bango bayebaki solo te. Kasi Nzambe Akobikisa bango soki bazali lolenge na bato oyo bakoki kobika Bokristu na bosembo na kobongola makanisi na bango ten a tango bakutani na nguya na Nzambe. Lisusu, soki moto abondeli mpona lobiko na moto na malali oyo, Nzambe Akoki kobikisa ye lokola eyano na libondeli na moto yango.

Ezali na makambo na lolenge na lolenge kati na Biblia, mpe tosengeli kososola mpe na koyeba kati na makambo mango mpo ete tokoka kopesa toli esengela mpe kokamba. Na tango moto moko ayambaki libondeli kasi akomaki malamu te, mokambi asengeli kososola tina na yango mpe atambwisa ye malamu.

Mpona bato misusu basengeli kotubela mpenza mpenza mpe babuka efelo na masumu etongaki bango kati na Nzambe mpe bango. Kati na makambo mana bakoki te kobika ata na ebele na mabondeli soko kak batubeli mpenza. Na esika wapi baboti bazali na mitema makasi mingi mpe basalaki masumu mingi, ban na bango bakoki kokoma na malali. Na makambo mana baboti bakoki na kotubela mpe balongwa na masumu.

...mosusu azwi nguya na kosalaka bikamwiseli, mosusu masakoli (12:10)

'Nguya na kosala bikamwiseli' ezali kosala eloko oyo bato bakoki te kosala. Ebele na bato bazalaka na kokoso mpona kososola kati na likabo na kobikisa mpe na nguya na kosala bikamwiseli. Nguya na kosala bikamwiseli ezali etape eleki likolo na likabo na kobikisa.

Ndakisa, ezali likabo na kobikisa na tango obikisi bokono, malali to kobela na nzela na libondeli yango moko eye ekoki kobika na nzela na minganga to mpe bakisi misusu. Kasi ezali nguya na bikamwiseli na tango bobosono na moto elongwe ye mpe makambo matali tango to mpe mbongwana na mapata masalemi to mpe mamonani na nzela na libondeli.

Na tango ezwi biso likabo na nguya na bikamwiseli, tokoki ata kobongola ezaleli to mpe lolenge ba bato misusu. Kasi nioso ekoki na nguya na Nzambe.

Mose azalaki na ezaleli na moto moto. Kasi na nzela na ba mbula 40 na kopetolama, akomaki moto oyo azalaki na komikitisa na koleka moto nioso na nse na moi' (Mituya 12 :3).

Yoane, oyo amesanaka kobengama mwana na kake', ambongwanaka mpona koyebana lokola 'ntoma na bolingo'. Ezaleli na moto moto na Paulo mpe ebongwanaki mpe ye akomaki moto malamu lolenge ezalaki ye kopesa matodi mpe na kosepelaka ata kati na minyoko. Na tango ezwi biso nguya na bikamwiseli, tokoki kobongola ezaleli na biso mpe lokola mpe na bato misusu. Tokoki mpe kobikisa ba bokono ezanga lobiko mpe ata tobongola tango kati na mokili.

Likabo na nguya na bikamwiseli epesamelaka kaka bango oyo bazali malamu na miso na Nzambe. Na tango ekomi bison a esika na kondima wapi tokotalisa bolingo na biso mpona Nzambe koleka nioso, tokobanda kobondela mpona kozinda mozindo koleka, na esika wapi ezali biso kosepelisa Nzambe kati na makambo nioso. Tokobondela makasi mingi mpona kobikisa ebele na milimo mpe tozwa nguya na Nzambe. Na tango mabondeli mana matondisami, tokokoka komonisa makambo na kokamwisa makoki te kosalema na moto.

Likabo na masakoli, ezali koloba mpona makambo makoya na mikolo na liboso na lisungi na Molimo Mosantu. Tina nini Nzambe Apesaka likabo na kosakola ezali mpona kolendisa mpe koteya mpe kobondisa (1 Bakolinti 14:3). Ndakisa, ezali koloba eloko lokola ete, "soki osali boye, eloko na lolenge wana ekosalema."

Lisakoli epesamaka na tango ezali mpenza na bosenga kati na mokano na Nzambe na lisungi na Molimo Mosantu. Tokoki mbala na mbala koyoka epai na moto koloba ete azwa likabo na kosakola, kasi ezali mpenza solo te. Bongo, lolenge nini tokoki kotala soki ezali mpenza solo?

Na tango akosakolaka, soki alobi ete, "Osengeli kosala boye, mpe osengeli kosala bongo," wana ekomonana mingi mingi lokola lisakoli na lokuta. Nzambe asalaka lolenge moko na ban ganga kisi te. Bato misusu oyo balingi komimatisa bakomonisa lokola bazali kosakola mpe bakomema basusu na kobeta libaku. Na bongo, bosengeli kososola makambo malamu mingi mpenza.

Boye, mpona nini bato bazwaka yauli mpona lisakoli?

Ezalaka na epimeli na Molimo Mosantu, yango ezali esakoli te. Na tango mosusu bato misusu bakoki kotanga makanisi na basusu kati na lisungi na Molimo Mosantu, mpe bakokanisa été ezali kosakola. Toloba été moto atangi makanisi na moto mosusu na lisungi na Molimo Mosantu, mpe ye alobi na moto oyo mosusu été, 'Yo osengeli kobondela mingi. Ozali na kanda kanda kati na yo. Osengeli te kozala na mawa kasi osepelaka tango nioso. » Oyo ezali kosakola te.

Ya solo ezali eloko moko malamu mpona moto wana na yango liloba epesami na lisungi na Molimo Mosantu. Ezala oyo apesi yango mpe oyo ayoki yango basengeli te kokanisa yango esakoli. Kasi soki botelemi mpenza ngwi te kati na solo mpe bobulisama te, bosengeli te kopesa toli oyo epai na bato misusu, ata soki bobondelaka mingi. Ezali mpo été naino bozali koyoka mongongo na Molimo Mosantu malamu mingi te, bokoki mpenza te koyeba soki moyoki akonbeta libaku to te sima na ye koyoka toli oyo opesaki na ye.

Ezali likambo na momesano mpona moto oyo azali kobondela mingi mpe ye azali kati na ngolu na Nzambe mpona kozwa lisungi mpe koyoka mongongo na Molimo Mosantu. Kasi soki azali naino na nzete na liso na ye, ye akoki te mpona kopesa toli epai na basusu. Soki akolakisaka lititi na miso na bato misusu na tango azali na nzete kati na liso na ye, wana nde misala na Satana ekomonana.

Lisakoli epesamaka ten a makanisi na moto. Na tango Nzambe Apesaka masakoli, Asimbaka lolemo mpe motema na moto yango. Okoyoka lokola ezali yo kopumbwa na likolo mpe ozali ata koyoka nzoto na yo moko te. Okoyebaka at ate nini elobi yon a tango otondisami na Molimo Mosanto. Yango wana kosakola.

Na tango moto atondisami na Molimo kati na mabondeli, lolemo na ye ekoki kolenga, kasi maloba makobimaka na esika yango mazali masakoli te.

Na tango moto oyo azali na ba mbuma na Molimo te lokola koyika mpiko, komikanga, mpe bolamu mpe ye abikaka mpenza kati na solo te, akolobaka kati na libondeli na ye tango atondisami na Molimo, tokoki te koloba ete maloba malobami na ye mazali masakoli. Bato misusu na kozanga kososola bakanisaka ete bazali kosakola na tango maloba makobima na bongo na bango kati na kobondela.

Kosakola ezalaka likabo epesamaka epai na bango oyo bazali kotosa Liloba na Nzambe, bazali na lolenge moko ten a mabe, mpe santantisama mpenza na nzela na ebele na mabondeli. Moto na lolenge oyo atosaka Nzambe na tango nioso mpe apetolama kati na motema; azalaka na lokuta to bozangi sembo na monoko na ye te.

Na bongo, ezali mpenza pasi mingi kokutana na mosakoli na solosolo na ekeke oyo etondisami na masumu. Ezalaka na ba tango mingi oyo bango bakopesaka masakoli na lokuta na makanisi na bango moko to mpe na nzela na misala na Satana, nde bongo, tosengeli kokeba mingi mpona kososola yango.

...mosusu boyebi na kokabola kati na molimo, mosusu ndenge na ndenge na bilobeli, (12:10)

'Bososoli na milimo' elakisi 'koyeba mokano na Nzambe'. Tokososola mobeko na mokili na molimo na tango toyebi mokano na Nzambe. Ezali na mobeko kati na bokonzi na Nzambe. Mpe mpona kososola mobeko oyo na Nzambe, tosengeli kotosa mpenza mpenza Liloba. Ba oyo batosaka mitundo na Nzambe, ata mpona kokende na lubwaku na molili, bakoki kozwa bososoli na milimo.

Tokoki te kososola milimo na biso moko. Ekoki kaka kosalema na tango totambwisami na Molimo na Nzambe. Tokoki kozwa likabo na kososla milimo na tango tozali mpenza kotosa Nzambe.

Na tango ekeyi biso mpenza kati na etape na kososola milimo, tokoki kososola nini ezali molimo mpe nini ezali mosuni. Tokoki mpe kososola mongongo na Molimo Mosantu, makanisi na biso moko, mabe na malamu, mpe solo mpe lokuta.

Soki tozali na likabo na kososla milimo, tokoki mpe komona eloko lokola molinga na molili pembeni na bato oyo bazali na kokutana na milimo mabe to mpe bazali kozwa misala na kotungisama na milimo mabe. Tokoki mpe koyoka yango na nzela na bilongi na bango to miso.

Mpona kozwa likabo na bososoli na milimo, lokola elobami likolo, tosengeli kotosa na mobimba Liloba na Nzambe. Na tango ezali biso kotosa na mobimba, tokoka koyoka malamu mongongo na Molimo Mosantu, mpe tokoka kolanda mokano na Nzambe. Nde bongo, tokoki kososola milimo kati na nguya na Nzambe.

Kasi tosengeli te na mbala moko kokanisa ete tozali kotosa na tango ezali biso kotosa te. Mpona kotosa Nzambe na mobimba, makanisi na biso moko masengeli na kopekisama. Mingi mingi, tosengeli kokweisa mayebi na biso moko mpe makanisi.

2 Bakolinti 10 :3-6 elobi été, "Mpo ata tozali kotambola kati na nzoto, kobundana na biso ezali na nzoto te, mpo été bibundeli na etumba na biso ezali na nzoto te kasi ezali na nguya na Nzambe mpo na kobebisa bisika bibatelami makasi. Tozali kokweisa maloba mpe bisika milai nioso bizali kotelemella boyebi na Nzambe. Tozali kokanga makanisi nioso na nkanga été matosa Kristu. Toselengwi mpe kopesa nkanja nioso etumbu wana bino bosili kotosa."

Awa, 'etumba' ezali etumba na molimo. Mpona kolonga etumba na molimo, tosengeli kokweisa makanisi nioso oyo tokanisi ete ezali solo mpe tokabwana mpe na lolendo, oyo Nzambe Ayinaka. Soki bongo tobandi kotosa mpenza Liloba na Nzambe nioso, ngambo na moyini zabolo mpe Satana ekokweya mpe Nzambe Akomema bison a kofuluka. Ntina oyo tokoki kososola milimo te, ata soki tokoki kokanisa ete toyebi solo, tobondelaka mingi, mpe tozali na kondima, ezali mpo ete tomitiaka biso mpenza likolo na Nzambe na kozanga kokweisa makanisi na biso moko mpe mayebi.

Elandi ezali likabo na koloba ndenge na nndenge na minoko na Molimo Mosantu. Moto na moto azali na ndenge na ndenge na 'koloba' kati na likabo na koloba na ndenge na ndenge. Ebele na bato babondelaka na minoko na sika yango eyokanaka lokola minoko ebele, nde likomi elobi ete, 'ndenge na ndenge na koloba'. Na tango tokobi na kolobaka na minoko na sika, tokoki komona ete tozindi na mozindo na yango mpe lokola. Lolenge koloba na minoko na sika ekombongwanaka, ezali mpe elembo ete tomati mpe na etape na likolo mpe lokola.

Moto na moto oyo ayambi Molimo Mosantu akoki kobondela na minoko na sika. Kasi tango mosusu moto akoki te kobondela na minoko na sika ata sima na ye koyamba Molimo Mosantu. Limbola ekoki kozala moto oyo azalaka na soni mpe alingaka te kobondela na mongongo makasi na tango bato misusu bazali wana.

Nzambe Alingi ban aba Ye oyo bayambi Molimo Mosantu bazala tango nioso na kolamuka mpe babondela mpo ete batondisama na Molimo. Soki totondisami na Molimo, tokolobaka mpe na minoko na sika. Tokoki kozwa yango kati na mayangani na kobondela to mpe na tango ezali biso kobondela na momesano.

Lisusu, na tango mosusu 'likabo na ndenge na ndenge na bilobeli mpe likabo na kosakola ekoki koya elongo. Kati na Biblia tokoki komona bisika misusu epai wapi bazali koloba na minoko na sika mpe kosakola mpe na ngonga moko. Yango esalemaki na esika wapi Nzambe Asepeli mingi (Misala 19:6). Ezali pete te mpona kozwa likabo na kosakola. Kasi likabo na minoko na sika esungaka mingi kati na bomoi na bison a kobondela, mpe ezwamaka na pasi mingi te.

Ezali motuya kolobaka na minoko na sika. Yambo tokoki kobondela malamu na koleka. Miso na bison a molimo ekofungwama lolenge ezali biso kobondela mingi na minoko na sika. Elakisi ete tokososola Liloba malamu mingi mpe tokokola na molimo mpo ete totondisami na Molimo.

Na lolenge ezali biso kozwa Liloba kati na Kotondisama na Molimo na kolobaka minoko na Sika, miso na bison a molimo ekofungwama na bopete mpona kososola Liloba.

Biso toyebi lobi na biso te. Toyebi ata te nini ekosalema na ba ngonga liboso na biso. Kasi Molimo kati na biso Ayebi yango. Mpo été molimo na biso eyebi likama na liboso to likambo etelemi na liboso, molimo na biso akobondela epai na Nzambe.

Kati na lisungi na Molimo Mosantu, molimo na biso akobondela epai na Nzambe été, « Likama moko ezali liboso na ngai mpe Tika été esalema te." Nzambe Akondima libondeli oyo, akopesa epai na moto yango nzela na kobima, mpe Akosala été nioso esalema mpona bolamu. Tokoki ata kobengana mimekano mpe mikakatano soki tozali kobondela na minoko na sika.

Mpo ete ezali molimo na bison de azali kobondela, tokobanda solo kobondela mpona makambo maleki motuya na tina na biso. Ya solo, makambo maleki motuya mazali na mosuni te kasi makambo na molimo. Soki ozalaka na ezaleli na kanda mingi, molimo na biso akobondela mpona kolongola yango. Nde bongo Nzambe Akoki kosunga biso mpona kolongola yango. Lolenge moko, molimo na biso ezali kobondela mpona oyo esengeli mpona bison a koleka, mpe tokoki kozwa eyano malamu.

Moyini zabolo mpe Satana bakoki te kososola libondeli oyo na molimo, yango ezali kobondela na minoko na sika, nde bongo bakoki te kobundisa libondeli. Soki tozwi likabo na limbola na minoko na sika te, tokoki kososola kobondela na minoko na sika te. Ezali kaka molimo na biso mpe Nzambe nde

Akososola yango.

Na tango moyini zabolo ayei koyeba motema na biso akoluka kotungisa biso. Ndakisa, moto oyo abatelaka mokolo na Nkolo bulee te azwi akateli na kokende mayangani na Eyenga ekoya, nde bongo zabolo akoluka kopesa na ye rendez-vous to mpe makutani na bombongo mpo ete akoka te koyaka na mayangani na Eyenga lolenge ebongisamaki.

Na tango tozali na likambo to likama liboso na biso mpe na tango ezali biso kobondela na minoko na sika, moyini zabolo akoki kososola yango te, nde akoki kotungisa biso te. Nzambe Akoyoka kobondela na biso mpe Akopesa biso nzela na kobika.

Na tango ezali biso kobondela na monoko na sika tokoki kozinda na koleka kati na mokili na molimo. Tokoki kobondela malamu mingi mpe totondisama na Molimo ata mingi na koleka, nde ekozala lisungi makasi mpona biso tozwa nguya. Bango oyo batalisaka nguya na Nzambe balobaka na minoko na sika, mpo ete ezali pete te kokitisa nguya na Nzambe longwa Likolo.

Koloba na minoko na sika ezali kosunga na ba lolenge mingi, mpe Nzambe Alingi kopesa yango na moto nioso.

...mosusu boyebi na kolimbola bilobeli. Oyo nioso izui nguya mpona Molimo yango moko, oyo Akokabela moto na moto yango pelamoko elingi Ye. (12:10-11)

Kolimbola oyo na bilobeli ezali kolimbola minoko na sika na kotondisama mpe lisungi na Molimo Mosantu. Kasi bato misusu bakokanisaka ete eloko ezali kolimbola na tango ezali te. Ndakisa, na tango bazali kobondela na minoko na sika, soki babandi kobondela na minoko na bato, bakokanisaka ete bazali kolimbola bilobeli.

Kasi yango ezali bongo te. Tokoki tango mosusu kosala yango soki tozali na mozindo na koloba minoko na sika. Na tango moto asengeli kokota na mozindo makasi na kobondela ata na koyemba na minoko na sika, akoki komemana na molimo nde abandi kobondela na monoko na ye moko mpona makambo oyo atikala ata kososola te. Kasi yango ezali libondeli na mozindo na motema, kasi kolimbola na bilobeli te.

Kolimbola na minoko na sika epesamaka na pete te. Epesamaka epai na ye oyo akoti na etape na kobulisama to ye oyo asengeli mpenza kozwa yango kati na mabongisi solo na Nzambe. Mpona kozwa likabo na kosakola to kolimbola na bilobeli, moto asengeli kozala na makoki na kokonza makanisi na bango.

Ezali mpo ete, soki bakoki kokonza makanisi na bango te, bakoki kosangisa makanisi na bango moko na oyo epesami na Nzambe. Mingi mingi,, Nzambe Apesaka likabo oyo ten a bango oyo babikaka at ate kati na solo. Soki Asali yango, bango bakozwa misala na Satana.

Kati na ebele na makabo, ezali na makabo mapesamaka epai na bato nioso na tango mpe ezali na makabo oyo epesamaka kaka soki esengeli. Maloba na boyebi, maloba na mayele (bwanya), kondima, boyebi na kokabola kati na milimo, mpe ndenge na ndenge na bilobeli, epesamaka na moto nioso soki abongami.

Mingi na makabo na Molimo ezwi biso, nguya makasi mpe tokozala na yango mpe mingi tokosololaka na Nzambe. Tosengeli kosenga soki esengeli, kasi na lisungi na Molimo Mosantu.

Tango mosusu ezalaka na mua makambo mpo ete bato bazalaka na bososoli malamu te mpona oyo etali makabo na Molimo. Na bongo, tosengeli kolinga kozwa makabo kasi na bososoli malamu mingi mpe na kobondela esengela, mpo ete tokoka kokokisa Bokonzi mpe boyengebene na Nzambe na kitoko.

Biso Tozali Nzoto na Christu

Fo Pelamoko nzoto ezali eloko moko nde ezali na bilembo mingi, mpe bilembo nioso na nzoto ata izali mingi izali bobele nzoto moko, bongo na Kristu. Pamba te biso nioso tobatisami na nzoto moko kati na Molimo moko, soko Bayuda soko Baela, soko baumbo, soko bansomi. Biso nioso tomelisami na Molimo yango.(12:12-13)

Ezali na biteni mingi na nzoto lokola miso, zolo, monoko maboko, mpe makolo. Ezali na biteni mingi kasi, mizali nzoto moko. Ezali lolenge moko na Christu. Nkolo Azali nzete na vigno mpe biso tozali bitape, mpe tozali moko (Yoane 15:5).

Mpona nini eloko na motindo oyo ekomamaki? Ezali kolimbola mpona ba mbuma libwa na Molimo Mosantu. Tozali na nzoto moko, kasi mingi na biteni na nzoto ekomi moko na nzoto mobimba. Molimo Mosantu Azali moko, kasi ezali na ba mbuma libwa na Molimo Mosantu. Mizali nioso lokola moko kati na Molimo Mosantu yango. Makabo nioso libwa na miuti na Molimo Mosantu moko mpe biso nioso tozali moko kati na Christu.

Bayuda bazali baponami na Nzambe. Kasi, na mikolo na lelo tina na nkombo wana elakisi bandimi nioso na lelo. Boye, bandimeli nioso na lelo bazali lolenge na Bayuda lokola baponami na molimo. 'Baela' nde etalisi bapaya. Bapaya bayebaka Nzambe te, nde na mikolo na lelo elakisi bango bandimela te.

Bongo, 'ezala Bayuda to Baela, ezala baumbo to bansomi,' elakisi bato nioso., ezala bandimi to bandimela te to bazwi to babola, to mpe soki bazali na bokonzi mpe misolo to te. Ata bapagano bandimela te, na tango bayoki Sango Malamu mpe bafungoli mitema na bango, mpe bazwi libatisi na Molimo Mosantu moko, bakomi moko kati na nzoto na Kristu. Na bongo, moto moko te azali likolo to mpe nan se na bokonzi kati na Kristu koleka basusu. Tozali biso nioso bana se moko na Nzambe mpe bandeko na Christu.

Na tango ezwi biso Molimo Mosantu, tokoki kososola Liloba na Nzambe, tobwakisa masumu mpe tobika kati na bosembo. Tomela na Molimo moko ezali kobwakisa masumu na koliaka nzoto mpe komelaka makila na Mwana na Moto.

Pamba te nzoto ezali na elembo moko te kasi na mingi. Soko lokolo ekoloba été, 'Ngai nazali loboko te, boye nazali kati na nzoto te, ekolongwa na nzoto mpona bongo te. Soko litoi ekoloba été, « Ngai nazali liso te, boye nazali kati na nzoto te, ekolongwa na nzoto mpona bongo te. Soko nzoto mobimba ezali bobele liso, koyoka ekozala wapi ? Soko nzoto mobimba ezali bobele mpona koyoka mongongo, wapi koyoka solo ? (12:14-17)

Tozali na ebele na biteni na Nzoto. Bongo boni soki ekokaki mpona lokolo ekanisa ete, "Maboko emesana kopesa mbote na maboko misusu mpe bakoki kosala nioso elingeli bango. Kasi biso tokoki te kosala yango, mpe biso tozali mpenza na litomba lokola maboko te. Ezali lokola biso tokangama kati na nzoto oyo te"? Kasi, makolo ikangama solo.

Ezali lolenge moko na matoi. Bongo, nini soki matoi makokaki kokanisa ete, "Miso mikoki kotala bilili mpe ba fololo kitoko mpe balingama mpe babatelamaka na mokolo nzoto mpenza mingi. Kasi, biso te. Tomonaka lokola tozali mpe eteni na nzoto oyo te mpe lokola. » Kasi izali mpe eteni kati na nzoto.

Soki nzoto mobimba izalaki miso ekoka koyoka te. Ekokaki kotala filme kasi ekoyoka yango te. To, soki nzoto mobimba ezalaki miso ekokaki koyoka te. Ekoki kotala filme kasi ekoyoka yango te. To, soki nzoto mobimba ezalaki matoi, ekoki te komona to koyoka solo. Ekokoka mpe te koyoka solo na ba malasi kitoko na ba fololo.

Nde sasaipi Nzambe Abongisi bilembo, moko na moko na nzoto lokola emonaki Ye malamu. Soko nioso ezali bobele elembo moko, nzoto ekozala wapi? Nde sasaipi bilembo izali mingi nde nzoto bobele moko. (12:18-20)

Nzambe Akelaka ba Likolo mpe mokili mpe eloko nioso kati na bango na Liloba na Ye. Eloko moko te embongwana mpona kokoma eloko mosusu to mpe ekoma na pwasa to mpe na mbalakata. Nzambe Akelaki yango na mayele na Ye, mpe biteni nioso na nzoto mitiama na bisika misengela mpenza. Miso, zolo, monoko, mpe matoi mitiama na bisika misengela mpenza na balance kitoko.

Eteni likolo elobi été Nzambe atia bilembo lolenge elingelaki Ye. Na tango Nzambe Akelaka Adamu, Asalaki ye na ngenge eleki malamu. Ezalaki malamu na koleka été Adamu azala na miso mibale mpe matoi mibale mpe monoko moko.

Kasi oyo ezali nse limbola na nzoto. Sasaipi tika totala na limbola na yango na molimo.

Yesiu Atiaki lingomba na kotangisaka makila ma Ye.. Na boye motó na lingomba ezali Yesu Christu, mpe Nzambe Azali Mokonzi. Molimo Mosantu mpe Asalaka kati na nzoto na Christu mpo kokokisa bokonzi mpe boyengebene na Nzambe na nzela na ba mbula libwa na Molimo Mosantu. Mpona yango ezali na ebele na bibonga mpe misala kati na lingomba.

Lolenge elobami kati na chapitre 12 eteni 5, ezali na molongo kati na Lingomba na bibonga ebele lokola ba Pasteur, ba mpaka, ba diakonese bakolo, bongo na bongo. Ekoki mpe kozala na misala ebele lokola bakambi na ba cellule, mokambi na lisanga moke, ba Pasteur na paroisse, bamikaba mbeka, protocole, bayembi, balakisi na kelasi na Eyenga, mpe bongo na bongo.

Nzoto na Christu ezali moko. Kasi ezali na biteni mingi na nzoto mpe mikokisaka bokonzi mpe bosembo na Nzambe. Kaka lolenge ezalaka na biteni mingi oyo esalaka nzoto, ezalaka na biteni mingi oyo esalaka lingomba oyo ezali nzoto na Christu.

Misala nioso izali na motuya. Ndakisa, tosengeli te kokanisa été bango oyo bakosalaka misala na komikaba mbeka kati na kikuku bazali na litomba te kaka mpo été bayebani epai na bato misusu te. Sa ekosala malamu kaka na tango eteni nioso kati na yango ezali kosala malamu. Eloko moko te kati na yango ezali na ntina te ezala moke to mpe monene. Na lolenge moko, tokoki kokanisa na lolenge na bato été mosala na lolenge monene koleka misusu, kasi Nzambe Amonaka misala nioso motuya.

Na lolenge moko, makabo nioso libwa na Molimo Mosantu izali na motuya mpona Bokonzi mpe Boyengebene na Nzambe. Ndakisa, tokoki te koloba été likabo na koloba na minoko na sika ezali na motuya te kaka mpo été mingi na bato bazwaka yango. Ezali motuya mpo été tokoki kobondela makasi mpe tokota kati na molimo mpona bofungwami na miso na miso na molimo mpe tozwa nguya na likabo na koloba na minoko na sika.

Nde soki tozali na likabo na liloba na koyeba makambo te, tokoka kososola Liloba kaka na mosuni, suka suka tokoki kokoma lokola matiti mabe oyo ezali kaka na boyebi na lobiko na mayele na bongo, mpe tozwa lobiko te. Tokoki te kozwa lobiko soki lobiko ezali te, nde bongo likambo na kondima ezali na motuya.

Na likabo na kobikisa, tokoki kolona kondima epai na bato misusu. Na likambo na kosalaka bikamwiseli, tokoki kosunga bato oyo bazali na tembe bandimela Nzambe na bBomoi. Tokoki kobongisa makambo na mikolo o boson a nzela na kosakola nde wana tokoka koboka kati na solo. Tozali na bosenga na bososoli na milimo, mpo ete, soki na yango te, tokoki ata kokosama mpe tokened nzela na libebi.

Soki tozali koloba na minoko na sika, kasi limbola na yango ezali te, tokoyebaka te nini ezali biso kobondela. Tokoki ata koyoka te ete tozali na bosenga na yango. Tososolaka motuya na kolobaka na minoko na sika na nzela na limbola na yango. Yango tina bato bazalaka na bosenga na yango kati na kondima na bango. Na boye ata likabo moko te kati na makabo libwa na Molimo Mosantu eleki basusu to mpe na nse na basusu.

Liso ebongi koloba na loboko te ete, 'Nazali nay o na bosenga te! Lisusu motó ebongo koloba na makolo te ete, ' Nazali nay o bosenga te.' (12:21)

Miso na biso mimesana na kozwaka kolandelama mingi koleka biteni misusu kati na nzoto. Kasi miso mikoki te kokoma na lolendo na koloba na maboko ete, "Tozali na bosenga na bino te." Soki putulu ekoti kati na miso, ezali loboko nde ekoki kosunga likambo yango. Tokoki mpe kobongisa miso na biso malamu mingi na maboko na biso. Soki miso mizali te maboko makoki kosala makambo nioso ndenge elingeli yango. Miso mpe maboko izali nioso na motuya mpo ete ikosunganaka.

Lisusu, moto ekoki te koloba na maboko ete bazali na litomba moko te kaka mpo ete moto ezali na boyebi mpe na yango mayele eutaka. Soki makolo makotambolaka te, moto esengeli kotelema esika moko lokola nzete na mwinda. Makolo mazali na motuya te soki moto ezali te, nde bongo, nioso ezali na motuya.

Ezali lolenge moko na basali kati na lingomba. Basengeli kosungana moko na mosusu kati na bisika na bango kaka lolenge na masini oyo etiami mafuta malamu. Soki etiami mafuta malamu te, mingi mingi, soki ezali na kokoso likolo na bozangi botosi, mondimi moko na moko akonyokwama, mpe mosala ekosalema te. Tokoki kokokisa bokonzi mpe bosembo na Nzambe kaka na tango ezali biso kotosa na mobimba kati na molongo mpe makambbo nioso makotambola malamu.

Kasi ezali motindo mosusu. Bilembo na nzoto emonani na Bilembo na nzoto bimonani na bolembu bikoki kozanga te, mpe bilembo na nzoto bitangi biso ete izali na nkembo mingi te, tokokembisaka yango na nkembo monene. Bilembo izali na nsoni, ikembisami malamu, nde bilembo na kitoko mingi isengi bongo te. Kasi Nzambe Atongaki nzoto ete Apesa nkembo epai na elembo ezangi yango, ete kokabwana ezala kati na nzoto te kasi ete bilembo nioso bibetelanaka. Soki elembo moko ekozwaka mpasi, bilembo nioso ekoyoka mpasi elongo' soko elembo moko ekosepela, bilembo nioso ekozua mpasi elongo. Bino bozali nzoto na Christu mpe moko na moko elembo na yango. (12:22-27)

Kati na bilembo na nzoto, zolo ekoki komonana ete ezali mpenza na bopeto te koleka bilembo misusu. Kati na zolo solo ezalaka mpenza peto te. Kasi, nde esengeli na biso koloba na zolo ete, "Ozali mbindo mpe komonana malamu te?" Tokoki kopema na nzela na zolo. Tokoki kososola litomba na zolo na tango ekangami na eloko lokola grippe.

Suki kati na zolo ekoki komonana na ntina moko te, kasi bakangaka putulu oyo ekendaka kati na nzoto mpo ete tokoka kobatela nzoto na biso kolongono na koleka. Ata eloko moke boye ekelamaka mpona kokokisa eloko na motuya boye. Nzambe Apesaki lokumu na eteni nan se mingi kati na nzoto nde lolenge nini elkoki kotalama pamba!

Mpona nini eteni elobi 'yango; mpona molimo oyo ezali nkolo na biso, eloko nioso- maboko, miso, matoi, mpe moto- ezali motuya. Na bongo, na miso na Nzambe misala nioso kati na lingomba ezali na motuya. Nzambe Asalelaka misala na emonani na nse mpona eloko na motuya. Nzambe Atikaka biso tomona mosala nioso mpe ebonga kati na lingomba motuya mpo été ekoka na kozala na kowelana te.

Na tango maboko madiotami, nzoto mobimba ekoyoka pasi. Soki loboko moko ezali kozanga nde loboko mosusus ekoyoka esengo mpona yango? Ezali mpenza likambo na kopesa pasi na motema. Lolenge biteni nioso mikangama kati na nzoto mpe misengela moko na mosusu, esengeli mpona moto nioso kati na lingomba kolinga mosusu. Lolenge moko mpona mabota, mboka, mpe bombongo.

Soki cellule moko kati na lingomba ezali na bolamuki mpe ebele na bandimi emati, ba cellule misusu mpe ekosepela elongo. Ezali mpo ete eloko na lolenge oyo ezali lisungi mpona ba nzoto na bango moko, nzoto na Kristu.

Ngambo mosusu, soki bango bakomi na zua mpona moko na mosusu, mpe bayinani, ekolakisa ete nzoto na bango ezali kopola mpe kobukana. Na tango oyo esalemi tosengeli nokinoki kobongisa likambo.

Bwanya na Paulo ezalaki na kokamwisa mpo ete yango eutaki na misala na Molimo Mosantu. Afandisaki makasi lingomba mpo ete bandimi na yango basosola mokano na Nzambe mpe bango bakomaki na zua mpona moko na mosusus te. Elandi, alakisaki bango ebonga na ba pete mingi kati na mokano na Nzambe. Yango ezalaki molongo esengelaki kobatelama. Yango tina moto na liboso kati na lingomba azali ntoma, na mibale mosakoli, misato, balakisi, mpe minei bikamwiseli, likabo na kobikisa, mpe bongo na bongo.

Molongo kati na Lingomba

Mpe Nzambe Atii ba oyo baye kati na lingomba; na liboso bantoma; na mibale basakoli, na misato balakisi, na nsima basali na bikamwiseli, na nsima babikisi, na nsima basungi mpe babongisi mpe balobi na maloba na ndenge na ndenge. (12:28)

Molongo na lolenge oyo etiama na bato te kasi na Nzambe.. Ntoma, asila kolimbolama, azali mosali oyo andimama na Nzambe mpe ye akabama mobimba epai na Nzambe. Ye azalaka na likanisi moko te kasi atosaka kaka mokano na Nzambe na tango nioso.

Atosaka ata na esika na kokaba mbeka bomoi na ye mpona kokokisa mosala na ye nioso, kaka lolenge na Nkolo oyo Akitaka na mookili oyo na lolenge na mosali mpe Akabaka mbeka bomoi na Ye kolandisama na mokano na Nzambe. Na bongo, ntoma akozala na makoki na kokota kati na mboka na

Yelusaleme na Sika esika Ngwende na Nzambe Ezali.

Mibale kati na molongo ezali basakoli. Awa, ban toma ezali bango oyom babengama na mokano na Nzambe. Nzambe Asepelaka na basali wana oyo Ye moko Abianga. Lisusu, Nzambe Yr moko Asepelaka na bango oyo na mokano na bango, bakoma basali na Ye mpona kobikisa milimo mikokufaka.

Basali oyo babengama na Nzambe bakokembisama na Nzambe Ye moko. Ezali mpo été Ayebi lolenge nini moto moko akombongwana na sima na ye kokende kati na nzela na kopetolama. Nzambe Ye moko Akopetola mosakoli lolenge moko ntoma mpona kokomisa bango bisalelo na kokoka na miso na Ye.

Mosali na lolenge wana akomeka na kosantisama na tango ezali ye kosala misala na Nzambe. Ezali kaka te mpona ba pasteur kasi mpona bandimi mpe lokola. Mongimi oyo azali mpenza na kokoma na miso na Nzambe bakolongolaka nokinoki masumu mpona kosantisama, babongolaka mitema na bango na mabele kitoko, mpe bakokisaka Bkonzi na Nzambe.

Ndakisa, na tango bandimi na etuluku moko boye kati na lingomba bazalaka na masolo na motuya mpe na kosepelaka kati na bango na makutani na bango, bandeko misusu na lisanga mosusu bakoki komeka kokokisa bokonzi na Nzambe kati na koteyaka Sango Malamu, na kolandelaka bandimi basusu, kokilaka, mpe kobondelaka. Soko moko akomeka koyeisa monene bokonzi na Nzambe na lolenge oyo, Nzambe akoki kotia ye na ebonga likolo lokola mosakoli.

Na misato, ezali molakisi. Nzambe Atiiii balakisi na ebonga na likolo. Esengeli kozala na kolakisa kati na lingomba mpo ete kondima eyaka na sima na koyoka Liloba. Bandimi kati na lingomba bakoki koyoka mpe kososola solo mpe bakende na nzela na bomoi kaka na tango ezali na balakisi. Kasi balakisi nioso bazali balakisi na solo te. Balakisi na solo basengeli kolakisa malamu na koleka, ata azali kaka moto moko.

Na minei ezali mosali na bikamwisali. Tokoki kotalisa Nzambe na Bomoi na nzela na bikamwiseli. Ata soki tozali kolakisa nokinoki Liloba na Nzambe, ezali mpenza na motuya te soki tokoolakisaka bilembo na Nzambe na bomoi na te. Bato mingi bakomeka kobatela Liloba eyokaki bango kati na ba bongo na bango mpe basalela yango kaka soki bakomonaka bikamwiseli elandaka malakisi.

Elandi, ezali na makabo na bikisaka. Ezali pete na koleka mpona kozwa makabo na kobikisa mde nguya na bikamwiseli. Tokopesa nkembo na Nzmabe mpe kokolisa kondima na basusu na tango na kobikisaka ba bokono na bango.

Ezali mpe na motuya kosungana moko na mosusu. Tokoki kosunga basusu kati na kobondela mpe na toli. Tokoki kopesa makasi mpe kobondisa basusu, to mpe kosunga bango na misolo. Tokoki kosalela basusu mpe tomikaba mbeka biso mpenza mpona kopesa solo malasi na Kristu kati na kokokisa Bokonzi na Nzambe mpe bosembo na yango.

Elandi ezali basungi. Tosengeli naino kokamba motema na biso. Tokoki kokamba motema na biso soki tolongoli mabe mpe kozanga sembo, tokomi basantisami, mpe toboti ba mbuma libwa na Molimo Mosantu. Moto na lolenge oyo akondima mpe akoyamba ebele na bato kati na kosunga. Bango bakomeka te kokonza basusu na makasi to mpe maloba makasi kasi kati na kotosa mpe kosalela.

Ezali mpe koloba na ba koto mingi. Tozindaka na mozindo na molimo na kolobaka makasi na minoko na sika. Tokoki kotondisama na Molimo, ebele na mimekano mpe minioko milongwa, mpe biyano iya na pete na koleka na kolobaka na minoko na sika, nde bongo, ezali mpe motuya.

Nioso bazali bantoma? Nioso basakoli? Nioso balakisi? Nioso basali na bikamwiseli? Nioso bazwi nguya na kobikisa? Nioso bayebi koloba na maloba ndenge na ndenge? Nioso bayebi kolimbola ntina? Bolukaka na mposa makabo makolekaka na malamu. Nakomonisa bino nzela oyo eleki na malamu. (12:29-31)

Ezali moto nioso ten de akoki kotalisa nguya to kolakisa. Moto na moto asengeli kokokisa mosala na ye moko kasi tosengeli kobondela mpona kozwa likabo eleki mpe topesa nkembo na makasi na koleka epai na Nzambe. Soki tozali na likabo na kobikisa, tosengeli kobondela makasi na koleka mpona kotalisa nguya na bikamwiseli mpe tomeka kokoma molakisi, mosakoli, mpe ntoma. Ezali lolenge moko na misala misusu kati na lingomba. Tosengeli komona motuya ata misala mike mpe tolikiaka mpe tondimaka yango.

Chapitre 13

Bolingo na Molimo

Bolingo na Molimo mpe Bolingo na Mosuni

Ata na Nguya Makasi mpe Kndima

Bolingi na Molimo

Nini Tozali na Yango Motuya Mpona Seko Kati na Lola Ezali Bolingo

Bolingo na Molimo mpe Bolingo na Mosuni

Ata nakolobaka na maloba na bato mpe na banje nde nazangi bolingo nazali bobele ngonga ekolobaka ngabaa ngabaa to elonja ekolobaka ngbengbele ngbengbele. (13:1)

Eteni na suka na chapitre 12 elobi ete, "Bolukaka na mposa makabo makolekaka na malamu. Nakomonisa bino nzela oyo eleki malamu." Awa, makabo maleki na malamu ezali bolingo. Yesu Akokisaka Mobeko kati na bolingo. Nzambe Azali mpe songe na bolingi Ye moko mpenza. Tina wapi tokomekaka kokokisa Bokonzi mpe bosembo na Nzambe ezali mpona kokokisa 'bolingo'.

Nini ezali bolingo na solo oyo Nzambe Azali kolobelaka?

Mingi mingi bolingo ekoki na kokabolama kati na bolingo na molimo mpe bolingo na mosuni. Bolingona molimo epesamaka na Nzambe. Yango embongwanaka soko te mpe yango ezali mpenza na komikabaka mbeka kati na makambo nioso. Na ngambo mosusu bolingo na mosuni, elukaka bolamu na moto ye moko mpe avantage. Yango mpe embongwanaka na pete kati na koleka na tango.

Kati na mokili oyo, ezali na bolingo oyo azalaka kati na baboti mpe bana, kati mobali mpe mwasi, kati bandeko babali mpe bandeko basi, mpe kati na bazalani mpe baninga. Mozindo na bolingo kati na likambo moko na moko ekesanaka.

Bato balobaka ete bolingo eleki likolo na nioso ezali bolingo na baboti Na momesano baboti balingaka kosunga bana na bango moko koleka ata bango moko.

Kasi, na kobombama kati na bolingo na molimo, ezalaka mposa na koluka bolamu na bango moko. Balukaka bana na bango basala oyo elingaka bango kosala. Na tango bana bakolandaka ba mposa na bango mpenza te, bakomaka na kolemba.

Soki bana bakotosaka baboti na bango te mpe bakopesa bango pasi, wana nde baboti bakoki kobongola ezaleli na bango. Oyonde bolingo na mosuni oyo elukaka bolamu na bango moko. Bakoki koloba ete bakoki ata komikaba mbeka mpona bana na bango, kasi soki bazali na bolingo yango kaka mpona bana na bango ezali mpe koluka bolamu na bango moko mpenza. Ezali bolingo na molimo soki bakoki kolinga kaka bana na bango moko te, kasi bango mosusu mpe lokola.

Tika biso tolobela bolingo kati na mobali mpe mwasi. Ezali na bato oyo bazali na bolingo na komikaba mbeka eye esimbaka ebele na bato, kasi ezali pete te mpona kokutana na bolingo yango. Na tango bato babale bazali kolingana, moko to mosusu akoki koloba ete akoki te kobika soko mosusu azali te. Kasi sima na libala, soki lisanga ezali lisusu na litomba mpona bango te, bakoki na pete koloba mpona bokabwani. Bamesana koloba ete bakolinga moto oyo mosusu mpona libela, kasi na koleka na tango bakomona ete yango ezalaki solo te.

Mbala mingi bolingo kati na bandeko embongwanaka mpona mbongo. Ndakisa, soki ndeko mobali leki azali tango nioso na bosenga na misolo mpe asengi lisungi epai na kulutu na ye mobali, bondeko na bango ekoki kobeba. Kulutu mobali akoki ata kolinga ete leki na ye mobali aya lisusu kotala ye te. Akoki ata koloba na ye ete ayaka lisusu te. Bolingo na bango ezali kombongwana mpo ete ezali bolingo na mosuni oyo elukaka bolamu na moto moko.

Kasi, bolingo na Nzambe ekesana. Bolingo na Nzambe ezali mpenza na komikaba mbeka eye embongwanaka te mpe epetolama na molimo, malamu mpe solo. Ezali mpe bolingo oyo ekomemaka biso kati na bomooi mpe lobiko.

Eteni 1 elobi ete, "Ata nakoloba maloba na bato mpe na banje." 'Maloba' awa ezali na bokeseni na likabo na minoko ndenge na ndenge lolenge 1 Bakolinti chapitre zomi na mibale. Ezali na ebele na minoko, mpe na mobimba, minoko yango mibengami 'maloba na bato'. Mizali maloba na bato, kasi te mingongo na banyama to mpe bandeke.

Koyoka 'maloba na 'banje' tososolami na eloko na solo, ezangi mbeba,, mpe epetolama, oyo ezanga mabe. Na tango bato bazali koloba na mongongo na nse mpe kitoko, tolobaka été bazali koloba lokola banje. Boni kitoko liloba esengeli kozala oyo eutaka na monoko na banje !

   Ata soki moto akoki koloba na minoko mingi mpe alobaka na minoko mingi lokola banje, soki azangi bolingo, wana nde maloba makozala kaka lokola elonja kolobaka ngbengbele. Soki tobeti ebende makasi na cuivre, tokoyoka mongongo na mozindo. Ata elonja epesaka mongo namgo. Ata soki moto akoki koloba na monoko na banje, ezali na litomba te soki azali na bolingo na molimo te.

Ata na Nguya Makasi mpe Kondima

> Ata mpe nazalii kosakola mpe koyeba makambo nioso mabombami mpe makambo nioso mayele, ata nazali na kondima nioso mpona kolongola ngomba, nde soki nazangi bolingo, nazali mpamba. (13:2)

Na likabo na masakoli bokoyeba solo mpona lobi ekoya. Ezali na litomba mingi soki bokoyebaka mpona makambo ekoya. 'mabombami nioso' elakisi nzela na ekulusu oyo ebombamaka liboso na bikeke.

Awa, 'mayelle nioso ; elakisi mayebi na Liloba na Nzambe, kasi te mayebi na mokili oyo. Ata soki toyebi mabombami nioso mpe tozali na mayele nioso, ezali na litomba moko te soki tozangi bolingo. Koyeba kaka kati na bongo ezali kondima na solo te. Kondima na lolenge oyo ekoki te komema biso nanzela na bomoi na seko.

Tosengeli kaka te koyeba 'mabombami nioso' mpe tozwa mayele nioso, kasi tosengeli na kososola yango kati na motema na biso. Na lolenge oyo, soki tokolongolaka solo te nioso na kobikaka kati na Liloba na Nzambe, tokoki kozala na bolingo na molimo.

Ata soki tokomi na kondima monene oyo ekoki kolongola ba ngomba, ezali na litomba moko te soki tozali na bolingo te. Kondima mpe bolingo izali makambo mibale mikesana. Kozala na kondima monene elakisi kaka te ete tozali na bolingo. Solo, yango mibale ekutanaka. Soki tozali na kondima, tokomeka kolinga, nde bongo, bolingo ekokola kati na kondima yango. Kasi kozala na kondima monene elingi te kolakisa kozala na bolingo monene.

Ndakisa, moto akoki kondima ete Mose akabolaka mai Monana Motane, mpe ete bana na Yisalele batambolaka pembeni na mboka na Yeliko mpe lopango na yango ekweyaka, mpe ete Yesu Asekwisaka Lazalo moyei. Kasi, kondima oyo etalisi te ete mondimi azali na bolingo.

Ezalaka ata na basali na Nzambe misusu oyo batalisaka kanda na bango mpona makambo mike mpe batalisaka bizaleli mpe ba lolenge oyo ekesana te na oyo na bapagano. Ezalaka mpe na bakambo kati na lingomba oyo bazalaka na kondima kasi bazali na bolingo te. Bongo, lolenge nini tokoka koloba été bato oyo bazali bato na molimo, mpe bazali kokende na nzela na bomoi na seko na kozalaka na bomoi kati na bango ?

Yango tina ata soki bato mabe babikisaki babeli, batalisaki nguya na Nzambe, mpe babenganaki milimo mabe na nkombo na Yesu, Nkolo Alobaki na bango ete, "BOLONGWA NA NGAI BINO BATO NA MISALA NA LOLENDO" (Matai

7:22-23). Ata soki ttokonganga ete, "Nkolo, Nkolo" tokoki te kokota kati na bokonzi na Lola soki tokobikaka te kati na Liloba na Nzambe (et.21).

Soki tozali na bolingo te, elakisi ete tozali te kobika kati na Liloba na Nzambe ata soki ezali biso koyaka na lingomba. Mpe leteni elobi ete ata soki tozali na mayebi nioso mpe kondima nioso na kolongola bangomba, tozali eloko moko te soki tozali na bolingo te.

Ata nakopalanganisa nioso ezali na ngai mpona kopesaka makabo, ata nakopesaka nzoto na ngai mpe na kotumbama, nde soki nazangi bolingo, nazali litomba te. (13:3)

Kosunga babola soki bolingo ezali te ezali bilongi mibale. Ezali mpona misala na bango komonana epai na bato misusu. Nzambe Asepelaka te na lisungi na lolenge oyo. Tokoki te kozwa lipamboli ezala na mokili oyo to mpe kati na bokonzi na Lola mpona yango.

Mbala mingi, ba nkombo na bato to mpe na ba company bango oyo bakosungaka bato ekomamaka na makasa. Kasi soki ba kombo na bango ezalaki te kokomama epai na bato, bango nios ten de bakopesa misolo na lolenge moko mpona kosunga.

Matai 6:2-4 elobi ete, "Soko okopesa makabo na mawa, oyula mondule liboso nay o te lokola ekosalaka bakosi kati na biyanganelo mpe kati na nzela ete bato bakumisa bango. Nazali koloba na bino na solo ete bazali na libonza na bango. Nde yo, wana ekopesa yo makabo na mawa tika te été loboko na yo na mwasi loyeba yango ekosala loboko na yo na mobali été likabo na yo na mawa lizala na nkuku. Mpe Tata na yo oyo Akomonaka na nkuku Akopesa yo." Soki ezali biso kosunga mpo été ba nkombo na biso eyebana, nde wana tosilaki kozwa masanjoli mpe mintole. Nde wana, tokozala na libonza moko te epai na Nzambe kati na bokonzi na Lola.

Eteni ekobi mpe elobi été, " Ata nakopesa nzoto na ngai mpona kotumbama, nde soki nazangi bolingo, nazali litomba te." 'Kopesa nzoto na biso mpona kotumbama' elakisi été tomokabi mpenz alokola mbeka. Soki tokoki komikaba biso mpenza lokola mbeka mpona basusu nde boniboni ekoki kosalema na bolingo te ?

Bosila solo komona bato misusu kosunga basusu na makasi na bango moko, tango mpe misolo, kasi soki bango bandimami te epai na basusu mpona misala na bango bakomilembisaka, koyoka mabe mpe bakomitungisaka ata mpona yango. Ata soki bakomi esika na koyimaima te, mposa na bango ekokita. Soki bato misusu batalisi mua ba mbeba na oyo esalaki bango mpona bato misusu, bakoki kobungisa makasi na bango mpe molende. Bakoki ata kokoma bato na kotongaka na bango oyo balakisaki ba mbeba na bango.

Oyo elobeli biso été bango basalaki eloko yango mpona kondimama mpe bato bakumisa bango. Ezalaki komikaba esalemaki na bolingo te, nde bongo ekosungaka bango te.

Bolingo na Molimo

> Bolingo ekangaka motema, bolingo ezali na boboto, (13:4).

Bokeseni na bolingo na molimo ezali mabe. Na bongo, esika na kolongola mabe ezali na tango tozali na bolingo na molimo. Saisaipi tika tolobela bolingo na molimo na mozindo.

Yambo, bolingo ekangaka motema. Nini tosengeli kokangela motema? Tosengeli kokangaka motema na ba kokoso na lolenge nioso tokoki kokutana na yango na tango tozali komeka na kolinga. Nde, tosengeli kokangaka motema na biso moko.

Na tango tozali komeka na kolingaka moto, moto yango akoki ata kobwakela biso libanga. Bato misusu bakoki kokosela biso makambo mpe koyina bison a tina moko te. Ezali bolingo na molimo tolingaka ata baton a lolenge oyo na kokanga motema mpe molende. Kokanga motema kati na bolingo na molimo ezali kokangaka motema kati na bakokoso na lolenge nioso oyo tokokutanaka na yango na tango ezali biso komeka na kotosa Liloba na Nzambe mpe tolinga bato misusu.

Kasi kokanga motema kati na bolingo na molimo ekesana na kokanga motema kati na ba mbuma libwa na Molimo Mosantu kati na Bagalatia 5:22. Kokanga motema lokola mbuma na Molimo Mosantu ezali kokangaka motema kati na makambo nioso mpona kokokisa Bokonzi na Nzambe mpe bosembo na yango. Ezali kokanga motema mpe na komitungisaka te mpona tina na bosolo. Kasi kokanga motema kati na bolingo na molimo ezali lolenge eleki moke. Ezali mpona kolingaka basusu na etape na moko na moko.

Eteni mpe elobi ete bolingo ezalaka na boboto. Ezali mpona kokoka na kondima mpe na koyamba moto nioso mpo été ebele na bato bakoka na kotikala esika moko. Kaka lokola eteni na coton oyo esalaka makelele moko te ata na tango eloko na makasi ebeti yango, boboto oyo kati na motema oyo ekoki kondima mpe na koyamba moto nioso. Soki tozali na boboto oyo, ebele na bato bakolinga koya epai na biso mpe bapema kati na biso lokola bandeke kopemaka na likolo na nzete monene.

Bosembo oyo malamu elakisi te ete tosengeli tango nioso kondimama na lolenge na komitikaka, na bolembu to mpe na lolenge kobukama. Komikitisa na lolenge oyo oyo endimamaka na Nzambe ezali bolingo na molimo oyo ezalaka na mabe moko te kati na bango. Boye, tokokanga motema ata na bato mabe, na kotelemelaka bango te. Kasi ezalaka kaka na komikitisaka mpe na bopolo tango nioso te. Ezalaka mpe na bokonzi na yango ekoki na biso kokamba, kotambwisa, kobongisa, mpe komema bango liboso mpe lokola.

Na maloba masengela mpe misala, baton a lolenge oyo bakoki kososola kosukisama na basusu mpe kondima bango mpe balonga mitema na ebele. Bango bakokoma libaku moko ten a likambo soko nini, kasi bakozwa makasi, bolingo, mpe bakondimama epai na bato misusu.

Nde bongo, lokola elobama, "mapamboli epai na basokemi, pamba te bakosangola mokili" (Matai 5:5), mpe "Nde baton a bopolo bakosangola mokili, mpe bakosepela mpe na mapamboli na solo" (Nzembo 37:11), ezali baton a kosokema nde bakosangola mokili. Awa, 'mokili' mpe 'mabele' elakisi mokili na lolenge na molimo, mingi mingi, bokonzi na Likolo. Kosangola mokili elakisi ete tokosepelaka nguya monene kati na bokonzi na Lola.

Bosokemi na lolenge oyo ekozwaka makasi mpona kopesa ngolu epai na ebele na baton a motema na Nzambe. Monene na boboto ekolakisaka biso, ebele na bato mpe bakoya epai na biso mpe tokokoka kotambwisa milimo mingi na koleka kati na Bokonzi na Nzambe. Na bongo, baton a boboto bakosepela bokonzi monene kati na Lola mpe bango bakosangola bisika minene mpe na kopanzama mpenza mpona kobika kuna.

[Bolingo] ezali na zua te, (13:4)

Zua awa ezali na tango moto akolisi bololo na ye to mpe kokanisela mabe epai na libaku malamu na moto mosusu mpe asali makambo mabe epai na moto yango. Soki tozali na zua, tokozala na koyokaka mabe na tango bato misusu baleki biso. Tokoki mpe koyina bango to mpe koluka na kozwa biloko bazali na yango.

Tokoki ata kolembisama mpo ete bango bandimami mpe balingami epai na basusu na tango ezali bongo te mpona biso. Tokoki kokanisa ete kolembisama ezali solo zua te. Kasi tozalaka na koyokaka bongo mpo ete tozali na lolenge na biso oyo elukaka na kolingama mpe na kondimama epai na basusu. Soki yango ekobi na kokola ekobimisama lokola maloba mpe misala.

Mbala mingi zua emonanaka kati na bolingo kati na mobali mpe mwasi. Ezalaka na zua mpo ete mpo ete balingi kolingama na muasi to mobali molongani. Bato bakoki mpe kokoma na zua na tango basusu baleki bango na misolo, na koyekola, to mpe bazali na makoki na koleka bango.

Kati na Genese chapitre 4, totangi mpona mbeka na Caina mpe Abele. Caina apesaki mbeka na nzoto na tango Abele apesaki mbeka na makila yango ezali mbeka na molimo. Na tango Nzambe Andimaki kaka mbeka na Abele, Caina ayokaki zua mpe sukasuka abomaki ndeko na ye moko, Abele. Zua ekolaka kino na koboma.

Genese 30:1 elobi été, "Emonaki Laele été abotaki mwana te, ayokelaki mbanda na ye zua, mpe alobaki na Yakobo été, 'Pesa ngai bana, soko boye te ngai nakokufa.' " Lokola Rachel abimisaki zua kati na motema na ye na maloba, epesaki pasi na motema na Yakobo. Suka suka, lokola elobaki ye, Rachele akufaki na tango ezalaki na ye kobota Benyamina.

Tosengeli te koyokaka zua moko mpona mosusu kasi tosepelaka elongo kati na Christu, topesanaka makasi mpe tolinganaka. Mpona yango, tosengeli mpenza mpenza kososola lolenge nini pamba bolingo na nzoto, koyebana, nkita, boyebi, mpe bokonzi kati na bato ezali wana nde ekomatisaka zua. Lisusu, tosengeli kozala na kondima na solo ete biso tozali na esika kati na bokonzi na Likolo.

Nde, tokoki ata kozala na boyokani malamu na koleka na bandeko babali mpe na basi kati na Christu, koleka ata bandeko kati na libota na biso moko. Ezali mpo ete tondima ete tozali bandeko babali mpe basi bango oyo bakobika mpona seko kati na Bokonzi na Likolo na kosalelaka Nzambe moko lokola Tata na biso. Lokola ezali na biso kondima oyo monene mpe totongi bolingo na solo likolo na yango, tokolinga bazalani na biso lokola biso moko. Nde, tokoka kosepela na tango basusu bazali na bozwi koleka biso lokola ezalaki biso moko na esika na bango.

...bolingo ezali na lolendo te, ekomivimbisaka te, (13:4).

Komivimbisaka ezali komilakisa mpe komitalisa. Na tango bato bazali na eloko malamu koleka basusu, bakolingaka kobeta tolo mpona yango. Ezali mpo ete balingi kokumisama mpe kondimama. Basusu bakomivimbisaka na mosolo na bango, koyekola, bokonzi na bango, to komimonisa.

Soki tokomivimbisaka, elingi kotalisa ete tozali mosika makasoi na bolingo. Lisusu, ata soki ezali biso komivimbisa, tokozwaka kotosama na motema te to mpe bolingo na basusu. Kasi, ekomema kaka basusu batala biso kaka pamba to mpe ata kozala na zua mpona biso.

Kasi 1 Bakolinti 1:31 elobi ete, "...Pelamoko esili kokomama ete, 'Tika ete ye oyo azali komikumisa, amikumisa kati na Nkolo. Komikumisa kati na Nkolo ezali koloba lolenge nini tondimela Nzambe mpe tozwi bolingo na Ye, mpe lolenge nini toyaki na kozwa biyano na Ye mpe mapamboli.

Komikumisa kati na Nkolo ezali kopesa nkembo epai na Nzambe mpe kopesa ngolu epai na bandeko babali mpe basi kati na kondima, kolonaka kondima kati na bango. Bongo, tokozala na mabonza mabongisama mpona biso kati na Lola, mpe baposa na mitema na biso mikoyanolana noki na koleka. Kasi tosengeli mpe na kokeba na tango ezali biso komimatisa kati na Nkolo. Ezalaka na esika mosusu na tango bato bakokanisaka ete bapesi nkembo na Nzmabe, kasi na solo bazali solo komilakisa. Komimatisaka na mokili oyo ekoki te kopesa na biso bomoi na seko to mpe kosepela. Kasi epesaka biso komimatisaka na pamba eye ekomema bison a nzela na libebi. Na lolenge ekososola biso esika oyo mpe totondisi mitema na bison a elikia na Bokonzi na likolo, tokozwa makasi na kopikola lolendo na komimatisaka na bomoi oyo. Lokola ekolongola biso komimatisa oyo na motema na biso , tokolinga Nkolo makasi mpe komimatisa kati na Ye mpo ete apesi na biso bomoi na seko mpe bokonzi na Lola.

Lolendo ezali kotala basusu mpamba kokanisaka ete bazali nan se na biso mpe kokanisaka ete biso toleki basusu kati na nioso. Moto na lolendo akomonaka ete moto moko te aleki ye. Amimonaka ye mpenza ete aleki basusu, nde bongo akotalaka bango nan se mpe akolukaka kotangisaka bango.

Akotala ata pamba bango oyo batambwisaki ye mpe bazali na esika eleki ye na likolo, mpe bazali na molongo likolo na bango. Akolinga te kolanda toli na bakolo to mpe na ba mpaka na ye, kasi ye akomeka kolakisa bango. Moto na lolenge oyo akomikotisa na bopete kati na koswanaka mpe kolobaloba.

Yango ezali lolendo na mosuni. Kasi ezali na lolendo na motindo mosusu. Na tango moto azala Mokristu mpona tango molai, akoki kokanisa ete akokisa makambo mingi mpe ye azali mpenza malamu. Akobandaka kosambisaka mpe kokatelaka basusu an Liloba oyo eyebi ye, kasi azali kkanisa ete azali kaka kososola kati na solo.

Motema na komimatisa oyo ezali lolendo na molimo.

Nzambe Alobi ete baton a lolendo bazali ba zoba. Biso nioso tokelama na elilingi na Nzambe, mpe tozali lolenge moko lokola bana na Nzambe. Moto moko te akoki kotala pamba moto mosusu na kolobaka ete ye nde azali malamu.

Na lolenge tokolisi bolingo na molimo kati na biso, tokokana na Nkolo oyo Azali na komikitisa. Nkolo Amikitisaki ata kino na kufa na ekulusu. Asukolaka makolo na bayekoli na ye mpona kotalisa biso elembo na komikitisa mpe na kosalela. Tosengeli kolanda ndakisa na Ye. Bazala babola, batanga te, to na bolembu, tosengeli komona basusu malamu koleka biso moko longwa nan se na motema na biso mpe tomikitisa.

[bolingo] ekosalaka na nsoni te, ezali mpe koluka malamu na yango mpenza te, (13:5).

Kosala kati na nsoni te ezali kozala monoko mabe mpe

na bizaleli mabe. Nkamwa ebele na bato bakomisaka basusu malamu ten a maloba na bango ezanga botosi, mpe na bizaleli mabe mpe bazangi kososola yango.

Yambo, tika ngai nayebisa bino mpona kozala monoko mabe liboso na Nzambe. Etali kongumbamela kati na mayangani, kobondela, kosanjola, eyanganelo, mpe biloko na bulee kati na eyanganelo. Ndakisa, bato misusu bayaka na sima kati na mayangani, to mpe bakonimbaka kati na mateya. Ezali eloko moko na nsoni mpona konimba to kolala kati na mateya. Lisusu, ezali nsoni mingi koya kati na mayangani na milangwa, na tango moto ayei na mapapa to mpesapato mpona kosukola to moto alati ekoti kati na eyanganelo.

Kati na mayangani na kobondela, soki toyei na sima na ntina moko na malamu te, totelemi katikati na mabondeli mpona kotambolaka epai na epai, to mpe kobondela na makanisi na pamba mpe na kobandelabandela maloba, makambo mana mazali kosala nsoni. Ezali likambo nsoni soki tokotelemisa moto oyo azali kobondela mpona kotelemisa ye, to mpe kokata kobondela sima na koyoka moto mosusu kobenga biso.

Tosengeli te kozwa nkanda to mpe kozala na koswanaka kati na eyanganelo. Tosengeli te kolobela bombongo na biso to mpe bisengo na mokili kati na lingomba. Tosengeli te kosalela mabe to mpe kobebisa biloko na eyanganelo.

Tika sik'awa tolobela mpona kosalaka na pamba kati na bato. Na momesano, na tango ezali biso koluka bolamu na biso moko na kolandelaka basusu te, wana nde tokoki kosala na kokeba te. Ezali mabe kobenga moto butu makasi to mpe kokanga moto mokangemi kati na lisolo na tango molai.

Ezali mpe botosi te mpona koya na sima kati na rendez-vous mpe kokende kotala baton a kozanga koyebisa bango. Ata soki ozali pasteur to mpe mokambi na lingomba, ezali malamu te kopesa motindo to mpe kokonza bandimi na yo. Mingi mingi, tolandelaka mpenza te soki tosalaki malamu te na bango oyo pembeni na biso, nde tosengeli na kokebaka. Ezali bolingo na molimo mpona komona makambo nioso mpe kolandelaka mpenza bizaleli na biso.

Bolingo na molimo ekolukaka bolamu na basusu esika na oyo na biso moko. Ndakisa, na tango bato misusu balingi kobetisa sete na makambo na bango moko kati na makutani, bakomekaka kondimisa basusu. Kasi basusu bakoki tango mosusu te kobetisa sete na likanisi na bango kasi balingi mpe te makanisi na bato mosusu.

Kasi ata bongo basusu bakolandaka makanisi na bato misusu, ata soki bango moko bazalaki na makanisi malamu, bakomekaka kolandela oyo na basusu. Soki tolingaka basusu, tokotosaka bango mpe tokomona bango motuya na koleka biso. Tokosala na lolenge oyo ezali koluka bolamu na biso moko te, libiki, to mpe bomengo.

Yesu Aliaka malamu te mpe Alalaka malamu te. Abikaki kaka mpona bato oyo bazalaki kowayawaya lokola ba mpate babungi. Mpona bolingo na Ye mpona milimo oyo batondaki meke kati na motema na Ye, Atikaki nioso ekokaki Ye kosepela.

Lokola bana na Nzambe, tosengeli te kolikia eloko eleki to

mpe eloko oyo eleki elengi liboso na basusu. Tosengeli kotia eyanganelo, milimo, bazalani na biso, mpe bandeko na libota na biso liboso na biso moko.

Kasi koluka oyo na biso moko te elingi te koloba ete tosengeli te kosenga mpona lipa na mokolo na mokolo to mpe tosengeli te kosala makasi na biso nioso mpona kobondela mpe kosala mpona bokonzi na Nzambe. Tozali na maye masengela mpona biso kati na bomoi. Elingi kaka koloba ete tosengeli te koluka oyo na biso moko na tango ekomema pasi to kokoso epai na basusu.

Mpona kolika bolamu na biso kati na makambo nioso te, tosengeli kotalela Molimo Mosantu. Soki tolandi kotambwisama na Molimo Mosantu na tango nioso, tokosala eloko nioso mpona nkembo na Nzambe. Soki tolongoli mabe na biso mpe tokolisi blingo na solo kati na biso, tokozala na bwanya na bolamu kati na makambo nioso, mpe tokoki kososola mokano na Nzambe mpe tolanda yango.

[bolingo] ezali na nkanda te, ekobombaka nkanda na motema te, (13:5).

Bato misusu banyokwamaka na pasi mingi ten a tango bato misusu bazali kosala bango mabe to mpe na tango makambo matamboli te lolenge elingelaki bango. Ezali bolingo te soki totumbolami. Ezali na litomba te. Kotumbolama elakisi te kaka ete tozwi kanda, tolobi maloba mabe, to mpe tosaleli konyokola.

Soki elongi na biso ekomi makasi to ekamolami, to mpe langi na elongi ebongolami to mpe soki mongongo na biso embongwani, elakisi ete totumbolami. Yango elingi kolakisa ete koyoka malamu te kati na motema na biso etalisami na miso. Kasi tosengeli kosambisaka basusu te kaka na kotalaka bilongi na bango. Ekoki kozala na bisika emonani lokola bazali na kanda kasi ezali bongo te.

Mpona kozala misika na kotumbolama, tosengeli kaka kokanga ezaleli yango te, kasi tosengeli kolongola wloko yango kanja. Ya solo, tokoki te kolongola na mobimba mpe kotia na esika na yango bolingo mpe bolamu kaka na mokolo moko. Tosengeli komeka mikolo nioso.

Na tango ezali na likambo oyo ekoki komema na kotumbolama, tosengeli komeka na komikanga. Tosengeli na kozwa ngonga na kopema mpe na kopema makasi mingi mpe kokanisa ete, "Lolenge nini eloko oyo ekoki kozala na litomba soki namitiki na kotumbolama?" Nde, lolenge ekotala biso motema na biso, tosengeli kosala eloko moko te oyo ekoki komema bison a koyoka mabe mpona bizaleli na biso to mpe na koyoka soni mpona biso moko na sima. Lolenge ezali biso koyekola na kokanga motema na lolenge oyo, nde tokokoka kolongola kanda mpe ezaleli na yango moko kati na motema na biso, mpo ete tokoka kozala na kimia na makanisi kati na likambo nioso.

Masese 12:16 elobi ete, "Nkanda na zoba emonani emonani bobele nan tango na yango; nde moto na mayele akobomba nsoni na ye." , Masese 19:11 elobi ete, "Bosósoli na moto na mayele ekozikisa nkanda na ye; nkembo na ye ezali ete akolimbisa masumu." Tika ete tozala malembe na kozwa nkanda mpe lisusu tozala noki na kolongola kanda yango moko mpo ete tokoka kobika bomoi na moto na

Elobi volingo bolingo ekokangelaka motema te. Elakisi ete, lokola kati na Version na King James, kokanisa na mabe te. Mabe ezali eloko oyo ezali malamu te mpe esengeli te. Soki tozali na mabe, tokolinga basusu banyokwama. Soki tozali na bolingo, tokozal na makanisi na lolenge oyo te.

Baboti balingaka bana na bango mpe balingaka tango nioso bana na bango bazwa na bomoi. Tolingaka bato mosusu banyokwama mpe tolukaka tango nioso komona mabe na bango to mpe bolembu na bango mpona kopanza yango kati na kotonga, mpo été tolingaka bango te.

Ezali mpe kosambisa mpe mpe kokatela mabe basusu. Ata kati na bandimeli ezalaka na bato misusu oyo bakosambisaka basusu na lolenge na bango, na kotalaka likambo na bango mpenza te. Oyo mpe ezali mpo été bazali na bolingo te. Lisusu, soki tozali na makanisi mazali kotelemela mokano na Nzambe, elakisi été tozali na makanisi mabe.

Nzambe Azali bolingo. Lisanga na mibeko na Nzambe ezali bolingo. 1 Yoane 3:23 elobi ete, "Likabo na Ye ezali boye ete tondima nkombo na Mwana na Ye Yesu Christu mpe tolingana pelamoko elakaki Ye biso lilako." Baloma 13:10 elobi ete, "Bolingo ekosalelaka mozalani mabe te; bongo bolingo ezali kokokisa mibeko."

Bongo, koboya kolinga ezali mabe. Ezali lisumu, mpe

yango ezali nsoni. Mpona kotala soki tozali kokanisa kati na mabe, tosengeli kotala bolingo na lolenge nini tozali na yango kati na biso. Na lolenge tokolingaka Nzambe mpe milimo, tokokanisaka na lolenge na mabe te.

Mpona kolongola mabe tosengeli te kokanisa, komona, to koyoka eloko moko na mabe. Ata soki tozali komona to koyoka eloko moko mabe, tosengeli te kokanisa yango to mpe komeka kokanisa yango. Tosengeli ata kolongola ata makanisi etambolaka.

Mpona kolongola mabe mpe komibatela biso mpenza, tosengeli koleisa molimo na bison a Liloba mpe mabondeli. Tokoki kobengana makanisi mabe mpe tozwa makanisi malamu na tango ezali biso kotanga Liloba moi mpe butu. Tokoki komona mabe ebombama kati na bison a tango ezali biso kotanga Liloba na mozindo kati na kobondela. Na kobondelaka makasi mpe kotondisama na Molimo Mosantu tokoki kokonza mabe na biso mpe tolongola yango.

Tika ete biso tolanda bolamu na tango nioso lolenge elobama kati na 1 Batesaloniki 5:15 ete, "Bokeba ete moto azongisa mabe mpona mabe te; kasi nan tango nioso bomekaka kosalelana malamu kati na bino mpenza mpe na bato nioso."

[bolingo] ekosepelaka mpona masumu ten de ekosepelaka makambo na solo. Ekomemaka makambo nioso, ekondimaka nioso, ekolikiaka nioso, ekoyikaka nioso mpiko. (13:6-7)

Kosepelaka te mpona masumu ezali lokola kokokana na kokanisaka mabe te, kasi ekeseni moke. Kokanisa kati na mabe te ezali kozala na elembo moko na mabe ten a nini nini kati na motema. Kosepela na masumu te ezali kosepela te mpe komikotisa ten a eloko soko nini ba bonzambe te.

Ndakisa, na tango bokomi na zua na moninga na yo oyo azokende liboso. Mpe soki likanisi eyeli yo été olingeli ye akweya, elakisi bongo nde ozali na mabe kati na motema na yo. Mokolo moko, mosala na ye ekweyi. Sik'awa, soki okosepela na likambo yango kokanisaka été ezali malamu mpona ye été akweyi, oyo ezali kosepelaka na masumu. Lisusu, soki osepelaki na lifuti ezwaki ye na ba nzela mabe, to mpe soki ezwaki yo eloko na makasi epai na moto mosusu to okosaki bango na makambo na misolo, yango ezali mpenz akosepelaka na masumu.

Mpona kobuka mobeko, kosala basusu mabe, mpe eloko nioso oyo ezali kotelemela Liloba na Nzambe ezali masumu liboso na Nkolo. Masumu esosolamaka na tango mabe kati na motema etalisami. Kati na ba lolenge na masumu, oyo ezali mingi mpona misala na nzoto.

1 Bakolinti 6:9-10 elobi ete, "Boyebi te ete baton a masumu bakosangola libula na bokonzi na Nzambe te? Bomikosama te, moto na pite mpe basambeli na bikeko mpe baton a ekobo mpe bakembi na nsoni mpe mibali bamibebisi na mibali mpe bayibi mpe baton a bilulela mpe balangwi masanga mpe batuki mpe babotoli, bakosangola Bokonzi na Nzambe te.". Elobi ete bango oyo bakosalaka misala na nzoto bakoki te kobikisama. Na bongo, na tango emoni biso eloko ezanga sembo tosengeli te kosepelaka to mpe kosangana na yango, kasi tolelaka mpe

tobondelaka mpona yango.

Kosepela kati na solo, yambo na nioso, ezali kosepela na Sango Malamu. Sango Malamu ezali nsango kitoko été tokoki kokende na Bokonzi na Lola na nzela na Yesu Christu. Tozwaki lobiko na koyokaka Sango Malamu mpe kondimelaka Yesu Christu. Tozwaki bomoi na seko na kosepelaka kati na solo, mingi mingi Sango Malamu. Tokoki sasaipi kokota kati na Bokonzi na Lola na kopetolamaka na masumu na biso na nzela na makila na motuya na Nkolo. Tozwi bomoi na motuya na koyebaka ntina na solo na bomoi.

Bango oyo basepelaka mpona Sango Malamu bakoteyaka mpe nokinoki Sango Malamu epai na bato. Bakosepelaka na tango ebele na bato bandimeli Nkolo mpe bazwi lobiko mpe na tango Bokonzi na Nzambe eyeisami monene.

Lisusu, kosepelaka kati na solo ezali kosepelaka na tango tomoni mpe toyoki mpona bolamu, bolingo, bosembo, mpe solo. Tozwaka esengo kati na koyokaka Liloba, kotanga Biblia, mpe kosaleka solo. Liloba na Nzambe esengi biso tosalela, tososola, mpe tolimbisaka basusu mpe totosi yango nokinoki. Tosengeli kosepelaka kati na solo, kozal na posa na komela mpe na nzala mpona solo mponakobika bomoi na motuya.

Tokoka kokanga motema kati na nioso soki tozali na bolingo. Tosengeli kozwa bolingo na molimo mpona kosepelaka kati na solo, mpe tondima mpe kokanga motema kati na nioso. Tokoki kkososola bolingo na Nzambe mpe kosalela yango na tango tondimi mpenza kati na solo.

Tosengeli kolika mpona mpe kokanga motema mpona nioso

mpo ete tokoka kozala na bolingo ekoka. Tika totala soki solo tozali na bolingo na lolenge oyo. Tika biso tolinga Nzambe mpe bazalani na biso mpo été tokoka kozwa kimia mpe lipamboli na Nzambe.

Oyo Tozali na Yango Bosenga Mpona Seko na Lola Ezali Bolingo

> Bolingo ekosuka te. Soko, bisakoli izali ikolimwa; soko maloba na ndenge na ndenge, ikosuka; soko boyebi, ekolimwa. (13:8)

Bolingo eutaka na solo. Eloko nioso mpona bolingo ezwami kati na ba buku 66 kati na Biblia. Soki tozali mpenza kobika kati na solo, bolingo na biso ekoki mpe na koyeisama na kokoka. Yango tina Nkolo Akobi Akokisa Mobeko na bolingo.

Soki tokobika kati na Liloba mpe tozali penza na motema na solo, elingi kolakisa ete tokokani na Nzmabe. Elakisi ete tokokisi kosantisama mpe bolingo na molimo ekoka. Solo ekombongwanaka soko te, mpe lolenge wana, bolingo embongwanaka soko te mpe ekosilaka te.

Na tango tokokende na Bokonzi na Lola, tokozala na bosenga na masakoli te, maloba na sika,, to mayebi. Tokozala kaka na elobeli moko yango ezali elobeli na Lola. Bongo, tokozala na bosenga na liloba na ndenge na ndenge moko te.

Kak bolingo embongwanaka te.

Pamba te toyebi bobele na ndambo mpe tokosakolaka bobele na ndambo;. Nde wana ekoya oyo ezali malamu nioso, oyo ezali bobele ndambo ndambo ekolimwa. Ezalaki ngai mwana, nalobaki lokola mwana, nakanisaki lokola mwana, nabongisaki makambo lokola mwana. Nde esili ngai kokoma mobali, nabwaki makambo na mwana. (13:9-11)

Ata soki toyebi makambo mingi mpona Nzambe mpe solo mpe masakoli, tokokoka kososola yango motema mpe mokano nioso na Nzambe te. Tokoki koyeba mpona lobi kaka na esika Nzambe Asosolisi biso yango kati na lisungi na Molimo Mosantu. Yango tina toyebi mpe tosakolaka kaka na ndambo.

Eteni 10 elobi ete, "...Nde wana ekoya oyo ezali malamu nioso, oyo ezali bobele ndambo ndambo elkolimwa." Na tango tokei na Bokonzi na Lola, makambo toyebaki na ndambo ekolimwa. Tika napesa na bino ndakisa mpona kolimbola yango.

Na tango ezalaki biso bana tozalaki koloba lokola bana. Kasi na tango tokoli mpe tokomi mikolo lolenge na koloba na biso mpe embongwani. Soki tozali koloba lokola mwana sima na biso kokola, tokomonana lokola mayele moke mpe na bomwana.

Lolenge moko, kosakola, koloba na minoko na sika, mpe kozala na mayebi nioso kati na mokili oyo ezali kaka lokola mwana, kopima na tango oyo ekozala bison a Lola. Kati na Lola, tokoyeba mpenza mpenza motema mpe mokano na

Nzambe. Na bongo, tokozal na bosenga na lisakoli moko te to mpe minoko na sika.

Pamba te tozali sasaipi kotala naino kati na talatala, mpe tokokakatanaka, kasi na tango yango tokotalana bilongi. (13:12)

Ata soki toyebi malamu mingi solo, mpe tozindi na mozindo kati na molimo, boniboni biso tokoki mpenza koyeba? Ezali na koloba oyo ekolobaka ete, "komona ezali kondima." Ezali malamu komona eloko na mbala moko mbele koyoka yango ba mbala 100.

Bpye, ata soki toyebi Biblia, solo, mpe Nzambe malamu mingi kati na mokili oyo, na tango tokokutana na Nzambe na Lola, tokososola ete nini nini eyebaki biso kati na mokili oyo ezalaki kaka lokola kozala liboso na talatala. Ba talatala na tango na Paulo esalemaka na libanga to mpe na cuivre, nde elilingi na bango ezalaki malonga te. Ezalaki na kokesana na ba talatala na lelo.

Ata soki ezali biso kosakola mpe tozali na mayebi nioso mpe tozali koloba na minoko na sika, tokoki te koima yango na koyeba makambo sima na biso kokende na Lola. Yango tina ezali lokola kotala na talatala. Nde mayebi nioso, masakoli, mpe minoko na sika kati na mokili oyo ekolimwaka mpo été oyo ezali na kokoka ezali koya.

Lisusu, ata soki toyebi mingi mpenza, tokoki kaka koyeba ndambo. Kasi soki tokutani na Nkolo, tokoki koyeba Ye mpenza malamu kaka lolenge Ayebi biso malamu.

Tondimaka Lola. Tondimaka ete Nkolo Asekwaka mpe Akozonga mpona kokamata biso. Baton a bomoi bakombongwana na nzoto na molimo mpe bakokamatama na likolo. Kasi ata soki tondimaka mpenza, likambo yango ekozala mpenza na kokesana na tango tokozala solo na ngambo na Nkolo. Kaka wana nde tokoyebama malamu lolenge Ye Ayebi biso.

Bongo, kondima, mpe elikia, mpe bolingo ezali koumela, yango misato. Nde oyo eleki kati na yango ezali bolingo. (13:13)

Elobi ete, "kondima, elikia, bolingo, ekoumela yango misato." Tosengeli naino kozal na kondima mpo ete tozwaka lobiko na nzela na kondima. Soki tozali na kondima, tokoki kozala na elikia mpona bokonzi na Likolo. Tokoka kolonga mimekano na kondima. Tokoki kosepela mpe kopesa matondi kati na makambo nioso mpo ete tozwi biyano na mabondeli na biso mpe tozali na elikia mpona Bokoni na Lola. Tolongoli masumu mpe bozangi sembo mpo ete tozali na kondima mpe elikia. Tokokisaka misala na biso kati na kobondelaka makasi mpe kobika kati na solo kati na kondima.

Bango oyo bazali na kondima na molimo mpe elikia mpona Bokonzi na Likolo bakosanganaka ten a bozangi sembo. Bakomilatisaka na solo mpe sukasuka bakokokana na Nzambe mpona kozala na bolingo ekoka mpe na solo. Na bongo, tosengeli kozala na nioso na kondima, elikia, mpe bolingo kati na mokili oyo.

Kasi bongo ekozala na biso bosenga kozala na kondima mpe

elikia kati na Bokonzi na Lola mpe lokola? Kondima na elikia ezali na motuya kaka na tango na bomoi na bison a mokili oyo. Tokokende Bokonzi na Likolo na kondima. Bongo tokozala lisusu ten a bosenga na kondima ten a tango ekoti biso kati na Bokonzi na Lola. Elikia ezali na bosenga kaka na tango ezali biso kati na mokili oyo. Eloko nioso ekokokisama kati na Bokonzi na Lola, mpe elikia ekozala lisusu ten a bosenga.

Kasi bolingo ekotikaka te to mpe ebebaka ten a likambo soko nini. ekokoba mpona libela kati na Bokonzi na Lola. Tokosepela esengo mpona libela na kokabolaka bolingo elongo na Nzambe mpe Nkolo, mpe bandeko babali mpe basi oyo babikisami. Na bongo, tosengeli kopetola mitema na biso kati na mokili oyo mpona kozala na kobulisama mpe kimia, yango nde ezali kozala na motema na Nkolo. Tosengeli kolikia mpona likabo eleki monene mpo ete tokoka kozala na bolingo ekoka mpe na molimo.

Chapitre 14

Masakoli mpe Minoko na Sika

Bosengeli Kozala na Bolingo Liboso na Bino Kozwa Makabo na Molimo

Kobondela kati na Minoko na Sika, Monoko na Mabondeli na Molimo

Kopimama na Minoko na Sika mpe Masakoli

Bosalaka Nioso Mpona Ntina na Kolendisa

Ntina na Molimo Mpona Basi Kobatelaka Kimia kati na Eyanganelo'

Makambo Nioso Masengeli Kosalema Malamu mpe na Lolenge na Molongo

Bosengeli Kozala na Bolingo Liboso na Bino Kozwa Makabo na Molimo

Bobengana nsima na bolingo oyo; bolukaluka mpe makabo na molimo, na koleka ete bosakola. Pamba te ye oyo akolobaka na ndenge na ndenge na maloba, akolobaka na bato te kasi epai na Nzambe. Mpo ete moto akoyoka ntina te. Kati na moolimo azali kolobaloba mabombami.kasi ye oyo akosakola akolobelaka bato mpona kolendisama na bango mpe koyikisa bango mpiko mpe kobondisa bango. (14:1-3)

Lokola bandimi tosengeli kolikia Bokonzi na Likolo mpe makambo na molimo, kasi na mokili te. Tosengeli koyika mpiko mpona kokoma baton a molimo. Mpona kosala yango, tozali na bosenga na nguya mpe makabo. Tosengeli mpe kobondelaka na kotika te.

Likomi na likolo elobeli biso ete tosengeli kolikia bolingo mpe tosengeli kozala na mposa makasi na makabo na molimo, mingi mingi likabo na kosakola. Elobi ete mposa mpona makabo na molimo esengeli kozala kati na bolingo. Yango tina bolingo na molimo elimbolami na chapitre eleki.

Soki tozali na bolingo na molimo te, Nzambe Akoka koyanola biso ten a tango tozali kosenga makabo n molimo. Soki moto azali koloba ete ye azali na mua nguya to mpe ye akoki kosakola kasi ayebi solo te mpe azali na bolingo na molimo te, nde ekoki kak kozala lokuta. Lolenge nini Nzambe Akoki kopesa likabo epai na moto oyo azali na bolingo te?

Yango tina tosengeli naino kozwa mpe kosalela bolingo. Nde, Nzambe Akopesa na biso makabo na Molimo Mosantu na lolenge oyo tozali kokolisa bolingo wana kati na biso. Soki tozali kobika kati na bolingo na molimo, tokobondelaka solo mpona kokoma baton a molimo. Bango oyo bakolisa bolingo na molimo bakolikia mpe makabo na molimo mpona Bokonzi mppe bosembo na Nzambe, mpona milimo, mpe kokota na etape na mozindo na molimo. Ezali na makabo na molimo na lolenge na lolenge, kasi Paulo asengi ete tolikia na masakoli.

Kolobaka na minoko na sika ezali libondeli na molimo na biso oyo Nzambe Ayokaka. Kaka Nzambe nde Asosolaka eloko kati na libondeli. Ata moto oyo azali kobondela na monoko na sika akososolaka te ye moko kak soki ezwi ye likambo na kolimbola minoko na sika. Lisusu, moyini satana akososolaka yango mpe te, mpe akoki kotungisa mabondeli yango te.

Libondeli kati na motema mpe libondeli kati na molimo mikesana moko na mosusu. Ndakisa, soki ezali bino kobondella,ete, "Nzambe, nalembi sasaipi. Kasi pesa ngai makasi mpo ete nalemba te," nde, yango ezali libondeli na motema. Oyebi oyo ezali yo kobondela. Kasi okososola te libondeli na minoko na sika, mpo ete ezali molimo nay o nde ekobondelaka mpona bosenga na molimo.

Bolingo ekolukaka bolamu na basusu esaka na moto ye moko. Yango mpe oyo elimboli mpo nini tosengeli kolikia ete tokoka kosakola mpo ete tokoki kosakola mpona bolamu na basusu.

Moto oyo azali kosakola azali koloba na bato mpona kolendisa mpe kopesa mpiko, mpe koboondisa. Yango elakisi ete kosakola ezali mpona bolamu mpe malamu na bato misusu. Ezali kopesa bango kimia mpe bopemi mpe komema bango na nzela eleki malamu mpona kolanda. Na lolenge oyo, masakoli ememaka baton a nzela na kobondela, kotubela masumu na bango, kolinga Nzambe na koleka, mpe kopusana pembeni na Nzambe. Yango tina kosakola ezali koolendisa, koteya, mpe kobondisa basusu.

Kobondela na Minoko na Sika, Monoko na Kobondela na Molimo

> Ye oyo akolobaka na ndenge na ndenge na maloba azali komilendisa, kasi ye oyo akosakola akolendisa lingomba. Nalingi ete bino nioso boolobakalobaka na maloba na ndenge na ndenge kasi eleki mmalamu ete bosakola. Mmasakoli eleki malobalobi na maloba na ndenge na ndenge, bobele soko molimboli na maloba azali ete baton a lingomba balendisama. (14:4-5)

Nzambe Alingi kopesa na mwana nioso likabo na kolobaka na minoko na sika, mpe mondimi nioso akoki kozwa yango. Paulo alobi ete alingi moto nioso azwa likabo yango mpo ete ezali kosunga molimo na moto yango oyo azali kobondela na yango.

Kasi, ye oyo azali kosakola azali kosunga lingomba. Masakoli ekoki kolona kondima kati na bandimeli mpo ete milimo na bango ikenda liboso. Ekomemaka bato balingana moko na mususu mpe kosilisa makambo. Ye oyo azali kosakola azali kolendisa lingomba. Mpo ete masakoli ezali kokokisa Bokonzi na Nzambe mpe bosembo na yango kati na bosolo.

Kasi soki masakoli ekomemaka mobulu to mpe makambo misusu kati na lingomba, ezali mosala na Satana, mpe tosengeli kokeba na yango.

Mpona moto oyo azali kobondela na minoko na sika mpona kolendisa lingomba, asengeli mpe kozwa likambo na kolimbola minoko na sika. Nde, ata soki azali te kosakola, akoki kolimbola minoko na sika na bato misusu, mpe akoki kolendisa mpe kobondisa bango lolenge moko na makambo matali kosakola.

Na likabo na kolimbola minko na sika, moto akoki kotala lolenge nini na mozindo azali koloba na Nzambe mpe lolenge kani na molimo libondeli na ye ezali, nde bongo akoka komeka kobika kati na Liloba na Nzambe ata mingi na koleka.

Eteni elobi ete, '...mosakoli aleki molabalobi na maloba na ndenge na ndenge, bobele soko molimboli na maloba azali ete baton a lingomba balendisama." Kasi oyo elingi te koloba ete tosengeli te kolobaka na minoko na sika kaka soki molimboli azali, kak mpo ete yango eleki masakoli te. Moto oyo azali kosakola asengeli mpe kozwa likabo na kolimbolaka minoko na sika mpe lokola. Tosengeli kobondelaka na minoko na sika mpo ete molimo na biso etambola malamu mpe tokoki mpe kozwa likabo na kosakola.

Ye Oyo Azali Kolakisa Asengeli Kobeta Malamu Kelelo

Boye bandeko wana ekoyela bino ngai, wana ezali ngai kolobaloba na maloba na ndenge na ndenge, nakosunga bino na nzela nini? Bobele ete nasunga bino kososola emoniseli soko boyebi soko lisakoli, soko liteyo te? Ezali bongo na biloko mizangi bomoi kasi bizali na mongongo, lokola pololo mpe nzenze. Soko ikokabolaka mongongo te, yango iyulami to yango ebetami ekososolama boni? Soko kelelo ekolobaka polele te, nani akoselingwa mpona etumba? (14:6-8)

Soki ntoma Paulo akobaki kaka kobondela na minoko na sika kati na lingomba na Bakolinti, elingaki te kosunga bandimi mpo ete bango basosolaki yango te. Boye, alobaki na minoko na sika mpe alakisaki mpe bango na nzela na masakoli, mpe na lolenge na mayebi. Libondeli na miniko na sika, kolakisa na lolenge na emoniseli mpe na lolenge na koyeba, mpe masakoli, nioso na makambo nioso oyo makoki kosunga basusu.

Pololo mpe kelelo ekosungaka baton a tango ezali yango kobimisa mongongo na yango kati na kobetama. Lolenge moko tosengeli kosalela makabo na lolenge na lolenge ndenge elongobani. Ndakisa, soki moto oyo azali na likabo na kosakola asengi misolo, azali kosallela mabe likabo na ye. Elakisi ete azali kokende na nzela na kufa. Boye, lolenge kani lisakoli oyo ekoki kosunga basusu?

Na tango moko bazalaki kobimisa mingongo na yango mpona kotelemisa mpe kopesa etamboli epai na basoda mpona makambo oyo lokola 'kolamusa' elakisi kotelema; kokotela; kotambola na liboso, to mpe kozonga sima, to mpe mpona kokebisa mpona kokotelama na moyini. Soki kelelo oyo ekokaki te kobimisa mongongo esengami, ekokaki soko te kosunga kasi komema mobulu to mpe kokweisa bango kati na etumba. Ekozala likama soki kelelo mpona kozonga sima epesamaki na tango esengelaki na bango kokende liboso to kokotela.

Sasaipi tika totala limbola na molimo mpona eteni oyo.

Soki pasteur azali kolakisa eloko esengeli te kati na lingomba, 'milimo na bandimi kati na lingomba ekoki te kotambola malamu mpe bango bakoki te kotelema likolo na libanga kati na kondima. Egelesia esengeli kopesa mbela esengeli mpe kokebisa mpona kolakisa mpo été etonga ekoka na komibongisa bango mpenza mpona bitumba na molimo.

Moyini zabolo azali konguluma pembeni lokola nkosi konguluma mpona koluka moto na kolia kati na mokili oyo. Mpona kolonga etumba na moyini zabolo, tosengeli kokoma basoda na solo mpona ekulusu. Basosa bakoki kobunda malamu na tango bayoki kelelo esengela. Na maloba mosusu, mpona bandimi kolonga kati na etumba na molimo, basengeli kososla mbela na Liloba na Nzambe malamu mpe kosalela yango.

Mpona yango kosalema, molakisi asengeli kobetisa mongongo na kelelo esengela. Kka ba pasteur te kasi mpe bakambi kati na esika moko na moko basengeli kolakisa mpe kotambwisa etonga na lolenge esengela. Kasi na tango mokufi miso akotambwisa mokufi miso mosusu, bango mibale bakokweya kati na libulu. Bakambi basengeli kososola été mbeba moko kati na maloba na bango ekoki komema bandimi nabango batuta libaku mpe bakweya. Nde, basengeli na malamu kopesa mokano na Nzambe na lolenge elongobani na bokambi.

Boye mpe na binoo; soko bokobimisa maloba mayebani ntina te, mpo na kolobaloba na ndenge na ndenge, nani akososola yango elobami? Pamba te bozali kolobaloba na mopepe.Tokoki kobanga te ete minoko na mabota ezali ndenge mingi kati na mokili mpe moko na moko ezangi ntina te. Nde soko nakokata ntina na liloba liyebami te, nakozala lolkola mopaya epai na molobi mpe molobi akozala na ngai mopaya. Bongo na bino, awa ezali bino kolula makabo na molimo, tika ete boleka kolula yango mpona kolendisa lingomba. (14:9-12)

Ata soki moteyi ateyi liteyo makasi na molimo longwa na etumbelo, soki lingomba mobimba ezali kosososla yangoo te mpe bakoki kokitisa yango te, nde ekozal na motuya mpenza te. Ekozala eloko lokola kotalisa elilingi na langilangi kitoko na moto oyo akoki mpenza komona yango te, kopesa mongongo na moto oyo akoki koyoka yango te, to mpe kopesa malakisi na bana na segondaire epai na bana na kelasi na elementaire. Soki mondimi azali kososola yango eteyami na etumbelo t ekozzala kaka makelele na pamba pamba na mppepe, mpe ekoka te kosunga bango. Ezali lolenge moko mpe na koyokaka maloba na sika; soki bazali kososola yango te, ekosunga bango mpona koyoka yango te.

Paulo alobaki ete, "...awa ezali bino koluka makabo na molimo." Makabo na molimo mazali misala mipesami na Nzambe mpe makabo nioso mauti epai na Nzambe kati na ngolu na Ye.

Tpsengeli kosenga mpona makambo nioso kati na kofuluka na ngolu na Nzambe mpe tokokisa misala na biso. Kosalaka boye ezali nzela wapi tokoki kosepelisa Nzambe lisusu mingi na koleka. Nde bongo tosengeli te koyokaka kilo soki tozali na misala mingi na kokokisa kati na lingomba, kasi tosengeli kosenga mpona ebele. Kasi nioso oyo esengeli kosalema kati na likanisi na koluka bolingo.

l Kobondela na Minoko na Sika Ekoki ye Kofulukisa Motema

Tika ete molobalobi na maloba na ndenge na ndenge, abondela ete ayeba kolimbola ntina. Pamba te soki nazali kobondela na maloba na ndenge na ndenge, molimo na ngai ezali kobondela nde ekaniseli na ngai ekobota mbuma te (14:13-14)

Awa, tosengeli te kokanisa ete moto nioso oyo akolobaka na minoko na sika asengeli kosenga mpona likabo na kolimbola na minoko na sika. Eteni oyo ezali na eloko na 1 Bakolinti 14:1

kolobaka ete 'boluka bolingo;. Molimo Mosantu Asimbaka mitema na bango oyo bazali na bolingo na molimo mpo ete basenga likabo na kolimbola. Ezali mpe lolenge moko mpona makabo misusu mpe lokola. Molimo Mosantu Akotindika motema na biso mpo ete tosenga makabo na lolenge na lolenge kolandisama na lolenge tokolisi bolingo na molimo kati na biso.

Eteni 14 elobi ete, "Soki Nazali kobondela na maloba na ndenge na ndemge. Molimo na ngai ezali kobondela, kasi ekaniseli na ngai eboti mbuma te." Bato misusu balimbolaka mabe eteni oyo mpe makambo mabimaka.

Mpona biso kokota kati na etape na molimo tosengeli kobondelaka. Tokomaka baton a molimo kolongolaka makambo na mosuni na nzela na kobondela. Tozali na bosenga na kolobaka na minoko na sika mpona kobondelaka. Kolobaka na minoko na sika ekosungaka mabondeli mpona kopesaka biso makasi na kokota na mozindo na molimo.

Ya solo, elingi te koloba ete tokoki te kokita na etape na molimo soki tozali koloba na minoko na sika te.

Ye oyo azwi Molimo Mosantu asosolaka solo na lisungi na Molimo Mosantu, mpe na lolenge kososola oyo ekomi lipa na ye na molimo, akokoma moto na molimo. Molimo Mosantu Ayebi makambo nioso matali moko na moko na biso. Molimo Ayebi kosuka na biso, makambo makoya mpe elikia mpona bomoi na koya. Molimo Mosantu mpe Ayebi mokano na Nzambe.

Awa, tosengeli te kokanisaka ete, "Ngai nayambi Molimo

Mosantu mpe molimo na ngai ezali na bomoi, nde sasaipi nakoki koyeba mpenza mpenza motema mpe mokano na Nzambe."

Ndakisa, bana mike balobaka ete bayebaka mama mpe ba tata, kasi oyo eyebaka bango ezali kaka oyo mama mpe papa moboti na bango. Kasi bana bakoli koleka basosolaka baboti na bango na koyebaka makambo mpona bango. Bayebi esika mboka na mbotama na bango ezali, kelasi boni etangaki bango, mbula boni bazali na yango, mpe na lolenge moko boye bayebi moto na lolenge nini ezali bango.

Lolenge moko, tososolaka motema mpe mokano na Nzambe na lolenge ekomi biso baton a molimo. Molimo na biso eyebaka kaka makambo wana te na yango moko, kasi eyaka na koyeba yango na lisungi na Molimo Mosantu na lolenge biso totongami na solo.

Toloba ete bino boyekolaki formule na mathematique na kelasi. Molakisi akoki kosunga bison a tango ezali biso komeka kosalela formule yango mpona kosilisa eloko mosusu. Kasi, molakisi akoki kosunga biso kaka soki toyebi formule. Soki toyebi yango te, molakisi akoki mpenza kosunga biso te. Ata soki bapesi na biso solution nioso, tokokoka kososola yango te.

Nde, mpo nini na tango ezali biso kobondelaka na minoko na sika bososoli na biso ezali na mbuma te?

Na tango ezali biso kobondela na mitema na biso, tobondelaka mpona oyo elingi biso kati na bomoi na biso, lokola mambi masengeli mpona kobika, lobika na bokono to mpe kosilisama na kokoso kati na bombongo. Yango ezali libondeli na motema eye ekosengaka biloko tozali na yango mposa na motema. Kasi molimo esengaka makambo na lolenge oyo te.

Libondeli na minoko na sika ekobondela te mpona ndako epesamela biso to mpe mpona lobiko na bokono. Molimo na biso ekobondelaka te mpona Nzambe Apesa biso lipa ata soki tozali na nzala.

Solo, tokoyeba te soki molimo kati na biso abondelaki mpona lipa ata soki ebondelaki biso na minoko na sika mokolo mobimba. Mpo ete biso moko toyebi te nini tobondelaki mpona yango, tokoki te kobota mbuma na bosenga na biso kati na mitema na biso.

Kobondela na minoko na sika ezali kaka kosunga molimo na biso etambola malamu. Esika na kosenga lipa, ezali motuya mingi mpona molimo na biso kotambola malamu mpo ete nioso ekotambola malamu mpona biso soki molimo na biso etamboli malamu. Na koleka, bosenga nioso na nzoto ekokokisama kaka soki molimo na biso etamboli malamu na nzela na kobondela na molimo.

Lolenge Nini Kobondela na Minoko na Sika Litomba?

Boye, liboso na biso kokoba, tika ete tolobela na mobimba litomba na kobondela na minoko na sika.

Yambo, ekokamba biso, kati na kobondela na biso, ete tokoma baton a molimo.

Mibale, ezali mpe kosunga biso kati na bolembu na bison a nzoto.

Soki ezali biso kobondela na minoko na sika na lisungi na Molimo Mosantu, tokotondisama na Molimo mpe ba nzoto na biso ekombongwana moke moke na ba nzoto na molimo. Nde, tokokoka kosukisa bolembu kati na nzoto. Na tango totondisami na Molimo te, tokoki koyoka bolembu. Kasi soki ezali biso kosala mpona Nzambe na tango totondisami na Molimo Mosantu, tokoyoka bolembu te. Lisusu, ezali mpe na lolenge kati na biso oyo elukaka kaka biloko mimonani na miso mpe biloko na mokili oyo. Ezali lolenge yango ekoyeisaka makasi bosali na masumu. Kasi soki tozali kobondela na minoko na sika, tokoki kolongola ba lolenge oyo na mosuni mpe tolonga yango.

Misato, esungaka bofungwami na miso na bison a molimo, epesaka biso kotondisama na Molimo, mpe ememaka nzoto na biso petwo.

Tozalaka na noki mpona kobika kati na molili soki miso na bison a molimo efungwama te. Soki tozali kosumuka tokoki te kobatela nzoto na biso petwa mpe na mbeba te. Kasi soki tokomi baton a molimo na nzela na kobondela na minoko na sika, miso na bison a molimo mikofungwama, mpe na lolenge elongwe bison a masumu mpe tobateli ba nzoto na biso petwa mpe na mbeba te.

Minei, esungaka biso toyeba makambo na koya.

Soki totondisami na molimo na nzela na mabondeli makasi kobikaka kati na Liloba na Nzambe, tokoka mpe komona makambo makoya. Ndakisa, toloba tozali kokende epai, kasi na mbala moko tozwi kanda mpe tozwi mposa makasi na kozonga sima. Mpe sima na biso kozonga, toye na koyekola ete makambo mabe masalemi bisika ezalaki biso kokende.

Lisusu, toloba ete bozali kozela bisi, mpe na tango bisi yango eyei, boyoki lokola bozali na posa na kokota kati na yango te. Bongo, bozeli oyo elandi. Nde na sima na nzela bomoni ete bisi elekaki ekotaki kati na likama na nzela. Na ba nzela na lolenge oyo tokoki kokima makama oyo soki kaka totondisami na Molimo Mosantu eye Esungaka molimo na biso kotambolaka malamu na makambo nioso.

Mitano, esungaka biso mpona kolola na Nzambe malamu mingi.

Koleka ekomi biso baton a molimo, malamu koleka tokoki kosolola na Nzambe. Bana mike bakoki kaka kozwa bolingo na baboti na bango, kasi bana bilenge bakososola motema na baboti na bango mpe kosepelisa bango. Lolenge moko, tokoki kolanda mokano na Nzmabe na malamu koleka na kozalaka na lisolo eleki malamu na Ye na nzela na kobondela na minoko na sika.

Motoba, etondisaka bison a elikia na bomoi ekoya mpe

kondima.

Toloba ete bato mibale babandi kokende lingomba na mokolo moko. Moko na bango kaa te azwi likabo na kobondela na miniko na sika mpe azali kobondela makasi na tango oyo mosusu akoyaka kaka na ndako na Nzambe na kozalaka na experience na molimo te.

Nini koto! Nakobondela na molimo mpe nakobondela na makanisi lokola; nakoyemba na molimo mpe na makanisi lokola. (14:15)

Kobondela na minoko na sika na kozanga kobondela na makanisi ekosungaka motema ete ebota mbuma te. Lisusu, ata soki tozali kobondela na motema mpe makanisi, tokoki mpe te kozwa eyano soki molimo na biso ezali kofuluka te. Na likambo na lolenge oyo, tokoki na kobinga na kozanga koyeba oyo tosengeli kosala. Ntoma Paulo apesi na biso eyano malamu na likambo na lolenge oyo.

Mingi mingi, ezali kobondela na makanisi mpe na molimo. Na momesano, soki tokobondelaka kaka na makanisi mpe na mabanzo, tokoki te kobondela kino na esika moko boye. Bango oyo bamesana mpenza kobondela te bakoki tango mosusu mpe te koyeba makambo mingi na kobondelela. Boye, na tango yango esalemi bakoki kobondela na minoko na sika. Na tango tozali kobondela na molimo, tosengeli kolongola makanisi na pamba mpe tomikotisa na kati na kobondela kati na minoko na sika. Sima na ba tango tokoki kobanda lisusu kobondela kati na mabanzo na makanisi na biso. Na tango toyoki été ezali mua pasi lisusu mpona kokoba, nde tokoki lisusu kobondela na minoko na sika. Tokoki kobalolaka kati na kobondela na motema mpe na makanisi mpe kobondela na minoko na sika kati na molimo.

Koyemba na Molimo mpe koyemba na makanisi

Elandi, elobi ete, "Nakoyemba na molimo mpe nakoyemba mpe na makanisi." Koyemba na molimo mpe koyemba na makanisi ekesana. Awa, koyemba ezali kosanjola na nzembo na nzembo kitoko mpe nguya na Nzambe na kopesaka matondi na biso epai na Ye.

Lolenge ekokota biso kati na etape mozindo na kobondela na minoko na sika, tokoki kobanda koyemba masanjoli na lisungi na Molimo Mosantu. Tomesanaka na koyemba ete, "Napesi na Yo masanjooli na ngai NKOLO Nzambe. Nasepeli mpe napesi na Yo matondi."

Na mikolo na kelasi na ngai na theologie, Nammesanaki kobondela butu mobimba kati na lingomba nameseneke kokende. Na tango wana nakobanda na tango mosusu koyemba kati na molimo kati na lisungi na Molimo Mosantu mpe nzoto na ngai mpe ekoningana lolenge moko na masnjoli. Mabooko ma ngai mpe makotombwama ata nakanisaki yango te mpe ngonga wana nakobanda na kobina.

Soki bokoti na etape eleki mozindo kati na koyemba na molimo, bokobanda kobina kati na lisungi na Molimo, mpe soki ekobi bino kokende ata na bitape mizindo koleka bokobanda koloba na minoko na sika na nguya. Toloba ete likambo emonani esika wapi bokutani na moyibi. Nde wana okobanda koloba na 'minoko na sika na nguya'. Satana akolongwa na nzela na koloba oyo, mpe maboko na moyibi makoki kokangama mpona tango moko mpe akoki kobongola makanisi na ye mpe kolongwa mpo ete okoka te kozwa likama to kobungisa. Mokili na molimo ezanga suka.

Ntoma Paulo Abondelaki Mingi na Minoko na Sika

Soko okopambolaka kati na molimo moto na mboka oyo azali na esika yango akoyeba koloba Amen nsima na matondi na yo na nzela nini, awa eyebi ye te soko ozali koloba nini? Pamba te, ozali kotonda na malamu mingi, nde oyo mosusu alendisami te. Nazali kotonda Nzambe été nayebi kolobaloba maloba na ndenge na ndenge koleka bino nioso. Nde kati na lingomba nalingi koloba maloba mitano na makanisi na ngai mpona kolakisa bamosusu koleka maloba nkoto na nkoto na ndenge na ndenge. (14:16-19)

Kobondela na molimo ekomema molimo na biso etambola malamu, kasi elakisi te ete tokobondela te mpona basusu soko ten a tango ezali biso kobondela na minoko na sika. Kasi ata soki ezali biso kobondela mpona basusu bakoki te na kososola yango soki limbola ezali te, de bongo ezali kosunga te mpe ezali na litomba te. Lisusu soki molimo na biso ezali kobondela mpona lipamboli na moto mosusu, moto yango akoki te kososola yango mpe akoki te kondima na 'Amen' to kopesa matondi mpona yango.

Kasi yango elakisi te ete tosengeli te kobondela na molimo. Tosengeli kobondela mingi na minoko na sika mpo été ezali kosunga molimo na biso, ata soki ezali kobotisa mbuma na makanisi na biso te.

Ntoma Paulo abondelaki na minoko na sika koleka moto nioso. Bato misusu basosolaka malamu chapitre 14 na 1 Bakolinti mpe balakisaka été tosengeli te kobondela na minoko na sika mpo été ezali kosunga biso te. Mpona nzela oyo ekokaki komema mobulu na lolenge oyo, ntoma Paulo alobaki ete tosengeli kobondelaka mingi na minoko na sika na kolobaka ete, "Natondi Nzambe, mpo ete nalobi na maloba na ndenge na ndenge koleka bino nioso."

Awa, na tango alobaki ete, "Nalobaka na maloba na ndenge na ndenge koleka bino nioso," Elakisi ete abondelaki na minoko na sika na bozito makasi, kati na mozindo koleka mpe na mozindo koleka moto nioso kati na lingomba na Bakolinti mpe lolenge ezalaki ye kobondela na ebele na koleka. Paulo alobi ete azalaki kopesa matondi epai na Nzambe mpo ete azalaki kobondela mingi na minoko na sika kati na ebele mpe na motuya.

Mpe mpona kopekisa moto nioso mpona kozanga kososola ye malamu lokola ete, "Nasengeli kaka kobondelaka na minoko na sika lokola Ntoma Paulo," alimbolaki mpona yango. Alobaki ete ezalaki malamu ete aloba maloba mitano na makanisi na ye mpo ete akoka koyekolisa mpe basusu, mbele ba nkoto na maloba na monoko na sika.

Toloba ete nazali kaka koteya na maloba na sika kasi na maloba na bato nioso te. Nde lingomba ekoki kaka kososola yango na nzela na limbola na yango. Liteyo ekozala mpenza na litomba te soki limbola na minoko na sika ezali te. Na bongo, tosengeli kobondela mingi kati na makanisi mpe na minoko na sika.

Kopimama na Minoko na Sika mpe na Kosakola

> Bandeko, bozala bana mike na makanisi na bino te; bozala bana mike kati na makambo mabe nde bokoma mibange kati na makanisi. (14:20)

Na nzela nini mayele na mwana na mbula misato mpe oyo na elenge na ba mbula 20 ekoki kokesana?

Mwana na mbula misato, mpe ata bana na kelasi na elementaire, bakoki mpenza kososola mateya na molimo te. Boye tosengeli kozala mikolo mpona mayele, kasi bana mike te. Kasi mpona bwanya na makambo na solo te, ezali malamu kozala lokola mwana mpona kososola. Yango oyo elakisi na na oyo e landi ete, "bozala bana mike kati na makambo mabe."

Lokola bana bakokola, bakobebisamaka na mabe. Mabe kati na bango lolenge ekozala bango mbula mibale mpe na tango bakomi na mbula mitano ekeseni lolenge ekokesana na tango bakomi na mbula 10 mpe na tango ekomi bango na mbula 20. Bakobakisaka mabe na lolenge ezali bango kokola. Na bongo, tosengeli kokoma lokola bana mpona oyo etali mabe.

Ya solo, elingi te kolakisa ete bana mike bazali na mabe moko te. Bazali mpe na masumu na makila ekitani na bango longwa na baboti na bango. Ata bongo, bana bebe bazali petwa mpe batosaka baboti na bango malamu.

Tosengeli mpe kokoma lokola bana mpona mabe mpe totosa Liloba na Nzambe. Na tango moko, tosengeli kobanda kopikola solo te mpe mabe eye ekotelaki biso na tango tozalaki kokola.

Lolenge ekoyoka biso Liloba na solo mpe tobandi kolongola mabe, mobeko na nzoto na biso mpe mobeko na Molimo ekobundabunda, mpe tokoki koyoka été ezali mpenza pasi. Kati na likambo oyo ezali na nzela mokuse mpona kokima bitumba. Ezali kaka kotosa Liloba na Nzambe lolenge yango ezali mpe kolongola mabe na lolenge yango. Tosengeli kobunda mpo été tokosalaka yango te.

Toloba été bozali komeka kotika komela masanga, kasi bozali naino na bokutani na baninga na bino na kala na oyo bomesanaki komela. Bokoki mpe kokanisa été bokoki kozala na makambo kati na bombongo na bino soki bozali komela elongo na baninga na bino na misala to mpe bakonzi na bino. Bokanisi été bokozala na makambo soki bokosanganaka na baninga to mpe na baninga basusu kati na mokili oyo. Mpona makambo na lolenge oyo bokoki te kotika komela masanga mpona kokangamaka na yango.

Soki solo bozwi mokano mpona kolanda solo mpe na kosepelisa Nzambe, Molimo Mosantu Akosunga bino mpe bokozalaka na kokoso moko te na kotika komela masanga. Etali kak na lolenge nini bozwaki ekateli. Lolenge moko mpona masumu na lolenge misusu.

Masese 9:10 elobi ete, "Kotosa YAWE ezali ebandeli na mayele." Mpo nini kotosa YAWE ebandeli na mayele? Soki bobangaa mpe botosaka mpeza moto, bokoki kotosa liloba na ye mpe kotiela yango motema. Ezali lolenge moko, soki bobangaka Nzambe bokoki kotiela motema mpe kotosa Ye. Lolenge ekobatelaka bino mibeko na Ye lolenge oyo, bokoki kolongola solo te mpe na esika botia solo kati na bino mpo ete bokoka kokoma basantisami.

Lokola Yakobo 3:17 elobi ete, "Nde mayele mauti na Likolo ezali liboso na mpeto," Eloko na liboso mpona kozal na mayele ezali kopetolama, yango ezali kobulisama. Soki obulisama okozwa mayele mauti na Likolo, yango ntina kobanga YAWE ezali ebandeli na mayele. Mpe Paulo alobi na biso ete tosengeli te kozala bana kati mayele mauti na Likolo kasi tokoma bana na mpona mabe.

Mpona nini Minoko na Sika Elembo Mpona Bandimela te?

Ekomami kati na Mobeko ete, Nkolo Alobi ete, 'Nakoloba na libota oyo na maloba na ndenge mosusu mpe na minoko na bato misusu, nde bakoyokela Ngai te. Boye, maloba na ndenge na ndenge izali elembo mpona bandimi te kasi mpona bazangi kondima; nde lisakoli ezali mpona bazangi kondima te kasi mpona bandimi. (14:21-22)

Awa 'libota oyo' elakisi ba oyo bazali na mitema miyeisama makasi (Yisaya 28:10-12). Lelo, ezali mpe na ebele na bato oyo bazali koyoka te mpo ete bazali na mitema mabanga. Bazali koyaka kati na lingomba kasi bandimaka na mobimba te, kozalaka na tembe kati na makanisi na bango. Bayamba Molimo Mosantu, kasi kondima na bango ekoki kokombolama, mpe kondima na bango ekolaka te. Bazali bango oyo bazalaka kaka na kondima lokola mayebi. Kolobaka na minoko na sika ezali mpona bato wana.

Soki baton a lolenge oyo bazwi likabo na kolobana na minoko na sika mpe babandi na molende kobondela na minoko na sika, kondim na bango ekoki mpe kokola. Yango tina likabo na minoko na sika ezali mpe elembo mpona bandimela te.

Elobami mpe été masakoli ezali mpona bango bandimela te kasi mpona bandimi. Mpona nini bongo ? Lokola kondima na biso ezali kokola, tokokoba na kolikiaka mpona kosakola. Tokoki kozinda kati na mozindo na molimo mpe totondisama na molimo mingi soki ezwi biso masakoli. Masakoli esungaka biso ete tososola makambo etikalaka biso kososola ten a liboso. Bango oyo bazali na kondima bakotosaka masakoli mpo ete bakoka kokota kati na mozindo na molimo. Bongo, masakoli mazali na litomba mpona bandimi.

Bongo soko lingomba mobimba bakoyangana mpe banso bakolobaka na maloba na ndenge na ndenge, soko bato na mboka to bazangi kondima bakoingela bakokanisa te ete bobeli liboma? (14:23)

Bandimi nioso kati na lingomba basangani elongo mpe bakolobaka na minoko na sika, mpe bango oyo bazwaki te likabo mpe bango bandimela te bakososola yango te. Nde, bakoki kokanisa ete bayei na esika esengelaki te mpona bango koya.

Na bongo, tosengeli kozala na komikangaka na tango tozali kobika bomoi na bison a Bakristu mpo ete tokoka te komimemela minyokoli makokaki te koyela biso. Tosengeli mpe komema na bandimi na sika ete basosola makambo mana malamu mingi mpo ete kopalangisama na Sango Malamu etikala na kobebisama soki mpe na kotika te.

Litomba na Masakoli

Nde soki bango nioso bakosakola awa ekoingela mozangi kondima to moto na mboka, akoyokisama nsoni na nioso, akomekama na nioso, makambo mabombami na motema na ye makomonana polele, bongo akokweia na elongi na ye kosambela Nzambe, akoloba polele ete, 'na solo Nzambe Azali na bino. (14:24-25)

Masakoli ezali elembo mpona bandimeli, kasi ezali mpe na motuya mpona bango bandimela mpe te lokola. Oyo nde eloko malamu mpona masakoli.

Na nzela na masakoli, moto nioso akoki kozwa liloba esengeli mpe elongobani na toli to mpe na mpamela, mpo ete akoka kososola ete solo Nzambe Azalaka. Lisusu, bango oyo bazalaka ata na moke mpenza na motema malamu bakokanisaka ete, "Lolenge nini ye ayebi motema na ngai malamu boye? Nzambe Asengeli kozala na ye," na tango bayoki masakoli. Na tango Setefano atalisaki masumu na bango, bato mabe batetaki ye mabanga kino koboma ye (Misala chapitre 7). Bango oyo bazali na motema malamu bakotubela kasi bato mabe bakotiola na tango eyoki bango masakoli.

Ezalaka na eloko malamu mpe na eloko malamu te na tango ezali biso kosakola ; bato mabe bakonyokola basakoli na tango bato malamu bakondima été Nzambe Azali mpe bandimi bakoki kokola nokinoki kati na kondima.

Bosala Nioso Mpona Ntina na Kolendisa

Bongo nini bandeko ekoyangana bino, moko na moko azali na loyembo, na liteyo, na emoniseli, na liloba na ndenge na ndenge, na kolimbola na yango. Nioso ezala mpona kolendisa na bino. (14:26)

Kati na lingomba, ezalaka na makutani na lolenge na lolenge lokola mayangani, mayangani na ba cellule, mpe mayangani misusu mpona kobondela. Na tango ezali biso koyangana kati na Nkolo, toyenbaka masanjoli epai na Nzambe mpe tolakisaka Liloba. Ezalaka mpe na masakoli mpe koloba na minoko na sika.

Nioso mana masalamaka na mokano mpe na mibeko na Nzambe. Nde, na tango ezali biso kosangana, tosengeli biso nioso kozala na masanjoli, liloba, emoniseli, kolobaka na minoko na sika, mpe limbola na yango. Tosengeli kaka kozala na likambo moko to mpe mibale oyo ekokisami; tosengeli kosala nioso, mpe nioso mpona tina na kolendisa. Eteni oyo epesami mpo ete makabo na Nzambe ekoka kosalamelama kati na molongo kasi na komema mobulu moko te.

Kolobaka na minoko na sika esila kolimbolama na likolo. Awa, tika nolebela bino noki mpona 'emoniseli'.
Nini ezali Emoniseli?

Lelo, soki Pasteur alobi ete azwi emoniseli, bato mingi balobaka ete Pasteur yango azali na mbeba mpe tosengeli te kokende na lingomba yango. Balobaka bongo mpona bozangi na koyeba na Liloba na Nzambe. Dictionaire na Internet Merriam Webster elimboli emoniseli lokola eloko oyo etalisami na Nzambe epai na bato.

Bango oyo bandimeli Yesu Christu bazwaka Molimo Mosantu. Mpe oyo Molimo Mosantu Atikaka bato yango bayeba ezali emoniseli. Baloma 8 :14 elobi été, "Baoyo nioso bakambami na Molimo na Nzambe bazali bana na Nzambe." Na bongo, bandimi basololaka na Nzambe kati na molimo mpe bakozwakaka lisungi na Ye.

Ntoma Paulo Alobaki été, " Bandeko nalingi nayebisa na bino été, Sango Malamu ekosakolaka biso euti na bato te. Ngai mpe nazui yango na moto te, nalakisami mpe yango te, nde eyei na nzela na emoniseli na Yesu Christu" (Bagalatia 1 :11-12). Sango malamu eteyaki ye eutaki epai na moto moko te to mpe na buku moko kasi kaka na emoniseli na Yesu Christu.

Yesu mpe Alobaki kati na Mayai 11 :27 été, "Makambo nioso mapesameli Ngai na Tata na Ngai ; moto ayebi Mwana te bobele Tata mpe moto ayebi Tata te bobele Mwana mpe ye oyo Mwana Andimi Amonisa ye."

Emoniseli 1 :1-3 ekomi été, "Oyo emoniseli na Yesu Christu, epesaki Nzambe Ye mpona kotalisa na baoumbo na Ye makambo makobima noki.atindi mwanje na Ye mpona koyebisa Yoane moumbo na Ye, yango. Ye Yoane atatoli mpo na makambo nioso mamonaki ye. Mpona Liloba na Nzambe mpe litatoli na Yesu Christu. Esengo na motangi mpe bayoki na maloba na kosakola oyo, mpe baoyo batosi makambo masili kokomama kati na yango, mpo ete elaka ezali penepene."

Makambo nioso kati na Lola mpe mokili ekelamaka na nkombo na Yesu Christu, mpe emoniseli epesami mpe na Yesu Christu. Yango tina Nkolo Azali Mokonzi na bakonzi mpe Nkolo na bankolo.

Limbola na "Basakoli nioso mpe Mobeko basakolaki kino Yoane"

Basusus bakolobaka ete Biblia elobaki ete emoniseli esukaki na Yoane Mobatisi, mpe lelo tokoki te kozwa emoniseli. Kasi yango ezali mpo ete basosoli malamu te eteni elandi. Matai 11 :13 elobi été, "Basakoli nioso mpe Mobeko basakolaki kino Yoane." Awa, elobi te emoniseli kasi 'kosakola'. Na momesano, kosakola ezali koloba eloko mpona mikolo na koya, kasi esakoli kati na Matai chapitre 11 elobeli yango te. Nde, nini yango elakisi?

Kondimana na Kala ezali likomi mpona Mobikisi na biso Yesu oyo Asengelaki koya. Bna na Yisalele balikiaka mingi mpenza mpona Masia komonana. Mpe basakoli nioso basakolaka kino Yoane Mobatisi ete Masia, Mobikisi Yesu Azalaki koya mpona kobikisa biso.

Ekomama kati na Baebele 10:1 ete, "Pamba te Mobeko ezali elilingi na makambo mazali koya, izali lolenge na solo na makambo na sembo te…." Yesu mpe Alobaki kati na Yoane 5:39 ete, "Bozali kolukaluka kati na makomi mpo ete bobanzi ete kati na yango bokozua bomoi na seko; mpe ezali yango mpe nde etatoli mpona Ngai."

Boye, kosakola ekosuka kino Yoane Mobatisi, ye oyo abongisaka nzela mpona Nkolo, Mobikisi Asengelaki koya. Kasi, tosengeli te kososola mabe eteni na likolo mpe tokanisa ete tokoki te kozwa emoniseli lelo.

Elobi kati na Baefese 3:3 ete, "Libombami eyebiseli ngai na nzela na emoniseli pelamoko nakomaki na mwa mokanda na liboso." Tokoki komona lobi ekoya na nzela na emoniseli. Amosa 3:7 elobi mpe ete, "Solo Nkolo YAWE Akosala likambo tebobele ete Akoyebisa mwango Ye epai na baoumbo na Ye, bango basakoli." Elobi ete Nzambe Akolakisa solo epai na baoumbo na Ye basakoli mpe bana makambo makoya.

Yesu Christu azali lolenge moko mbula 2,000 eleka kino lelo (Baebele 13:6). Kondoimana na Sika ezali tango wapi tolimbisami masumu na biso, mpe tokoki koyeba likolo na Nzambe mpe tosolola na Ye malamu na koleka kati na misala na Molimo Mosantu. Tokoki malamu mpenza kopesa mokano mpe mposa na Nzambe na tango ezwi biso emoniseli na Nzambe na nzela na kosolola na Ye.

Soko bato bakoloba na maloba na ndenge na ndenge baleka mibale to mpe misato te, baloba mpe moko na moko. Tika mpe ete moko alimbola ntina. Soko molimboli ntina azali te, moto nioso azala kimia kati na lingomba, mpe amilobela ye moko mpe epai na Nzambe. (14:27-28)

Na tango ezali bango kolobaka na minoko na sika, mibale to misato kati na bango basengeli kozwa limbola na ngonga yango. Kasi Paulo alobaki te ete basengelaki na koloba ten a minoko na sika na tango bazalaki na molimboli te, kasi babondela kaka epai na Nzambe. Paulo alobelaki bango ete babatela kimia kati na lingomba mpo ete basengelaki te koloba na minoko na sika pamba pamba na esika nioso, kasi balanda molongo mpe mabongisami.

Na tango ezali bino kobondelaka na kimia, soki moto azali koloba na minoko na sika, bokoki kopanzana na makanisi. Lisusu, bosengeli te koloba na minoko na sika kati na bino moko katikati na mayangani. Ndakisa na tango motambwisi na mayangani apesi likambo mpona kobondela lokola kotonga na eyanganelo, bosengeli kobondela mpona yango na monoko moko. Ekosunga te soki soki bozali kobondela na minoko na sika kati na bino moko mpona eloko yango.

Kasi kati na mayangani na kobondela mpe na tango moto nioso akobondela mpona likambo na ye, bokoki koloba na minoko na sika. Tosengeli kososola na tango ezali biso koloba na minoko na sika mpona esika mpe tango esengeli mpe na kosalela yango.

Molongo kati na Kosakola

Tika ete basakoli mibale to misato baloba,, mpe bamosusu bameka yango elobami. Soko moto oyo mosusu azali naino kofanda, akozua emoniseli, tika ete oyo na liboso azala kimia. Pamba te bokoki bino nioso kosakola ete bato nioso bayekola mpe ete nioso bayikisama mpiko. (14:29-31)

Soki ezali na ebele na basakoli mpe bango nioso bazali kosakola awa mpe kuna, ekozala na kobulungisa mpenza. Na tango ezali na ebele bazali kosakola, moko asengeli kosakola na tango na ye, mpe mosusu asengeli kolanda kati na molongo.

Na tango masakoli ekokobaka, basusu basengeli kososola lisakoli yango. Elakisi été basengeli kososola lisakoli yango na Liloba na Nzambe mpo été lisakoli ekoki kozala na lokuta oyo euti na Satana.

Soki moto mosusu azwi emoniseli na tango ezali bino kosakola, bosengeli kolanda yango na kimia, mpo ete ezali na koyika mpiko mpe na komikanga kati na ba mbuma libwa na Molimo Mosantu, mpe ezali na Molimo Mosantu moko. Soki bokokoba kaka na kosakola, ezali kobuka molongo na makambo mpe koluka komema mobiulu. Osengeli te kosakola makambo nioso nayo moko. Moko na moko akoki kosakola na ngonga na ye, mpe soki liloba na kosakola epesami mpona moto na moto, okoki kopesa lisakoli na moko na moko na ngonga na ye.

....milimo na basakoli ezali nan se na bokonzi na basakoli;

Mpo ete Nzambe Azali na mobulu te kasi na kimia. Pelamoko na kati na mangomba nioso na babulami (14:32-33)

Soki moto mosusu azwi masakoli na tango ezali yo kosakola, osengeli na komikanga mpenza na mbala moko. Mondimi na sika akoki kozwa ngolu na kososola molongo kati na lingomba na tango bango oyo bazwi makabo mana bazali na kimia mpe molongo. Soki bango oyo bazwi makabo na Molimo babosani molongo mpe basali kati na mobulu, ekoki te kosunga kasi kaka na komema bopotami. Tosengeli kokokisa Bokonzi mpe bosembo na Nzambe kati na bolingo mpe kimia.

Limbola na Molimo Mpona 'Mwasi Asengeli Kobatela Kimia Kati na Lingomba'

> Ekoki na basi ete bazala kimia kati na mangomba, pamba te bango bazwi nzela na koloba te, nde bazala sima, lokola ekolobaka Mobeko. (14:34)

Basusu balimbolaka eteni oyo na lolenge etangami mpe bapesaka nzela na maloba moko te to bokonzi epai na basi kati na lingomba. Kasi, nini ezali limbola na solo na eteni oyo?

Mpona kososola eteni oyo, tosengeli kobanda na miboko. Genese 3:16 elobi ete, "Alobaki na mwasi [Nzambe] ete, 'Nakobakisa pasi na yo na kobota; okobota bana na mpasi, nde okozala na mposa na mobali nay o, mpe ye akozala na bokonzi likolo na yo.'"

Na tango Nzambe Akelaka mwasi, alobaki te ete asengelaki na kozala nan se na bokonzi na mobali na ye. Kasi Nzambe Alobaki ete asengelaki na kokonzama na mobali na tango mwasi alakelamaki mabe. Ezali mwasi nde akosamaki mpe aliaki na nzete na koyeba malamu mpe mabe, mpe ezali mwasi nde apesaki mbuma epai na mobali na ye mpona komema ye na kosumuka.

Ya solo, mobali mpe azalaki mosumuki, mpo ete aliaki mbuma. Kasi mpo ete mwasi aliaki mbuma moto na liboso mpe atikaki mobali na ye ete alia yango, lisumu na ye elekaki makasi. Mpona ntina oyo na ebandeli, na momesano motema na mwasi azalaka makasi koleka na mobali te. Bazalaka na bobangi mingi mpe bazalaka na bolembu koleka mibali. Limbola oyo mpona mwasi epesamaki mpona ntina oyo na molimo.

Kolakisa Bango Oyo Bazali Kobika na Masumu

Kati na likomi na liboso, koloba ete mwasi asengelaki na kobatela kimia kati na lingomba, epesamaki mpona bato oyo bazali na lolenge na solo te, lokola kozanga botosi mpe mayele mabe. Awa, 'mwasi elingi te kolobela mwasi na mokili to mpe bandimi basantu kati na Nzambe. Elakisi bango oyo bauti kaka kobanda koyaka kati na lingomba mpe naino mpenza bakomi kati na solo te.

Limbola na molimo na eteni oyo ezali ete, bato oyo bazanga solo basengeli kofanda kimia kati na lingomba mpo ete bango bazali na influence mabe kati na lingomba, kaka lolenge mwasi akosamaki na Satana mpe amemaki mobali na ye na kosumuka. Paulo alingaki bango ete batosa mpona kokoma basali na sembo mpe bana na Nzambe bango oyo bandimamaki na Ye.

Soki baton a lolenge wana babatelaki kimia te, misala na Satana ikomata. Soki bango oyo bazali te kobika kati na Liloba na Nzambe bakolobaka mingi kati na lingomba, bakolobbaloba maloba na solo te, bakobanda kotonga basusu, mpe bakopanza makambo masengeli te. Lisusu, bakozanga na kososola, kosambisa, mpe kokatela mabe basusu na pete mpe na misala na pamba. Soki ezali bongo, lolenge nini lingomba ekoki kozala na kimia?

Baton a lolenge yango basengeli te kobetisaka sete na makanisi na bango kasi batosaka nokinoki Liloba. Nde, solo ekokota kati na bango mpona kobongola bango, mpe sokusuka bakoki kokoma 'basantu' oyo bayebami epai na Nzambe.

Ba 'santu', etuluku na bato bulee, balandaka nzela na Nzambe mpe batosaka molongo na lingomba kati na kimia. Lolenge elobami botosi eleki mbeka (1 Samuele 15:22), bakotosaka kaka Nzambe kolandana na Molongo, nakolukaka te kobetisa sete mpona makanisi na bango moko.

Bongo, tosengeli te koloba ete basi oyo bazali kobika kati na solo basengeli kobatela kimia kati na mangomba kak mpo ete likomi oyo elobi basi basengeli kobatela kimia kati na lingomba'. Lokola na mikolo na kala, Nzambe Akobi na kosalela basi soki bazali na makasi koleka, kondima eleka, mpe bolingo mpona Nzambe koleka mibali. Debora azalaki zuzi akenda sango, mpe ezali na ebele na basakoli basi oyo bapesaka Liloba na Nzambe epai na bato. Ezali lolenge moko lelo. Soki basi bazali na kondima monene na koleka, bakoki kokoma bakambi.

Soki balingi koyeba likambo batuna mpenza mibali na bango kati na ndako, mpo ete ezali nsoni ete mwasi asolola kati na lingomba. (14:35)

Na tango basangani, bandimi wana bango oyo babikaka kati na solo, bakumisaka Nzambe, bakolobaka kati na solo, mpe bakolobaka maloba na ngolu. Kasi bango oyo babikaka kati na solo te, ebele kati na bango bakoselaka bato makambo mpe balobaka kolandisama na bolamu na bango moko.

Soki baton a lolenge wana basangani kati na lingomba, mobulu na lolenge nini mpe misala na Satana bakomemaka kati na lingomba? Yango tina Nkolo Azali kolakisa na biso ete tobatela kimia mpona bato na lolenge oyo.

Sik'awa, nini yango elingi kolakisa na "Soki balingi koyeba likambo batuna mibali na bango mpenza kati na ndako"? Yango ezali molongo etiama kati na solo. Nzambe Atia mobali lokola moto na mwasi. Mpe moto na mobali ezali Christu, mpe moto na Christu ezali Nzambe (1 Bakolinti 11:3). Na bongo, kolobaka été 'mwasi asengeli kotuna mobali na ye' elakisi na molimo été basengeli kotuka Nkolo, mpe 'kotosa mibali na bangp' elakisi kotosa Nkolo.

Mpona kosukisa, eteni oyo elingi koloba ete bango oyo bayebi naino makambo na kolimo te basengeli kotosa Christu Ye oyo Azali motó na lingomba. Na tango bazali kosala yango, molongo kati na lingomba ekoki kobatelama, bandimi bakoki kosangana, mpe bakoki kokokisa bokonzi mpe bosembo na Nzambe.

Makambo Nioso Masengeli Kosalela Malamu mpe Kati na Molongo

> Liloba na Nzambe euti na bino? Ekomeli bobele bino? Soko moto nani akanisi ete azali mosakoli soko ete azali na molimo, asosola ete makambo makomi ngai epai na bino mazali makambo na Nkolo. Soko moto nani atioli yango, ye moko atiolama. (14:36-38)

Mpo nini Paulo alobi makambo oyo awa? Bango oyo batelemaka ngwi kati na solo te bayokaka soni te mpona komilakisaka.

Yango elingi kolakisa komikumisaka ezali solo eloko na nsoni. Bandimi bamekaka komikitisa, kosalela basusu, mpe kopesa bolingo. Bango bamekaka na komilakisaka te. Bango oyo basalelaka basusu an mitema na boboto mpe bolingo, bakolingama epai na basusu. Na ngambo mosusu, bango oyo bakomimatisaka liboso na basusu mpe bamekaka na kosalelama, bakobwakisamaka se epai na bango.

Bongo, btoma Paulo azali koyebisa na bandimi kati na

lingomba na Bakolinti oyo bazalaki na komimatisaka ata soki bazalaki koboka mpenza kati na solo te, été bayoka nsoni mpona bango moko.

Eteni 37 elobi été, "Soko moto nani akanisi été azali mosakoli to mpe na molimo, asosola été makambo makomi ngai epai na bino mazali makambo na Nkolo »

Soki bandimi kati na lingomba na Bakolinti bazalaki basakoli to mpe na molimo, balingaki kososola été malakisi na ntoma Paulo mazalaki Maloba na Nzambe mpe balingaki na kotosa yango kolandisama solo. Lisusu, soki solo bayebaka été mazalaki mibeko na Nkolo mpe batosaki yango, Pauo alingaki te koloba makambo na lolenge oyo na esika. Paulo asengelaki na koloba yango mpo été bango bayebaki te. Solo, eloko ezalaki ye koloba ezalaki été, « Bozali komibenga basakoli, kasi bozali te. Bozali komibenga bato na molimo kasi bino bozali bongo te. » Bango oyo bazalaki bato na molimo basengelaki koyeba été makomi nioso makomaki na Paulo mazalaki na Nkolo.

Sasaipi, nini yango elakisi na, "Soki nani atioli yango, ye mpe atiolami!"?

Ye oyo abikaka kati na Liloba na Nzambe te ayebi te mokili na molimo. Tokoki kokota kati na etape na molimo kaka soki tokobondela mpona kolongola masumu mpe na tango ezali biso kobika kati na Liloba na Nzambe. Kasi ata soki moko azalaki kokende ndako na Nzambe mpona tango molai, akoki te koyeba mokili na moli, kaka soki etosai ye Liloba mpe azalaki kobondela. Nde, lolenge kani moto oyo ayebi makambo na molimo te akoka kosala bososoli oyo?

Yango tina moto na lolenge oyo akokakisa kaka ete mikanda na Paulo mazalaki kaka na maloba na bato kati na yango.

Bongo bandeko na ngai, mpe bopekisa kolobaloba na maloba na ndenge na ndenge te. Nde tika ete makambo yango nioso masalema na motindo mozali na nsoni te mpe na mobulu te. (14:39-40)

Nzambe Alobi te ete tosengeli ten a kosakola, kasi tosengeli kozala na bosenga na kosalaka yango. Yango ezali Liloba na Nzambe. Kasi lelo, soki moto azali kosakola, bato misusu na kokitisaka ye bakolobaka ete ye azali malamu te. Ya solo, ezali na ebele na msakoli na lokuta. Kasi ezali mpe na masakoli na solo, kasi tokoki kaka ten a lolenge na kotiola kolobaka ete nioso mazali masakoli na lokuta. Lisusu, tosengeli te kopekisa na kolobaka na minoko na sika. Soki tosali yango, yango ekoki kaka kozala mosala na Satana oyo etelemelaka solo.

Awa, 'makambo nioso masalema na malamu' elakisi été makambo nioso masengeli mpenza kosalema na ndenge elongobani, na lolenge na molongo mpe esengela mpenza. Nzambe Alobi été tosengeli kosakola na lolenge na molongo. Nzambe Azali Nzambe na molongo, kimia, bolingo, mpe bosembo. Na bongo, makambo nioso masengeli kosalema lolenge malongobani, mpenza malamu, mpe kati na molongo.

Chapitre 15

LISEKWA

Christu Mosekwi

Oyo Ezali Ngai Ezali na Ngolu na Nzambe

Koloba ete Lisekwa Ezalaki Te

Christu Azali Mbuma na Liboso

Libatisi Mpona Bakufi

Nkembo na Moko na Moko Ekesena kati na Bokonzi na Lola

Lisekwa na Bakufi

Biso Nioso Tokombongwana na Kelelo na Mokolo na Suka

Christu Mosekwi

Bandeko, nazali kokanisela bino Nsango Malamu otyo esakwelaki ngai bino, oyo mpe boyambaki yango, oyo mpe bozali kotelema likolo na yango, oyo mpe bobiki kati na yango. Bozali naino kosimba Nsango Malamu ngwi, pelamoko elakisaki ngai bino? Soko te bondimi bobele mpamba. (15:1-2)

Toloba ete Pasteur azali koteya Sango Malamu kati na lingomba na ye, yango elakisi ete azali kolakisa na etonga Liloba na solo. Etonga endimi yango mpe bazali kokola kati na molimo.

Toloba ete Pasteur oyo ateyaki Liloba na Nzambe oyo ezali koloba na biso ete tosengeli ten a koyina, kasi tolinga bayini na biso, mpe bandeko kati na lingoma bayambi Liloba kati na mitema na bango mpe bakomekaka na koyina te. Koteya oyo na koyamba yango ekoki kopimama na, 'Sasaipi nazali koyebisa bino bandeko ete, Sango Malamu eteyaki ngai bino oyo mpe bino boyambaki.' Sik'oyo, soki balongoli koyina mpe bakoyinaka lisusu basusu te, elakisi ete bayei na kotelema likolo na Maloba mateyaki ye.

Ntoma Paulo alobaki ete soki tokobatelaka Liloba na Nzambe kati na motema mpe tosaleli yango, elakisi ete biso tondimelaki pamba te. Soki tozali na misala mikolandaka kondima yango te, elakisi ete tozali na kondima ekufa, mpe tondimeli pamba.

Tokobikisama soki toyambi Liloba na Nzambe mpe tokangi yango makasi, kasi soko te tokozwa lobiko te. Lelo, basusu bazali kolakisa ete tokoki kozwa lobiko soki ezali kaka biso koya na lingomba mpe na kobelelaka nkombo na Nkolo ete, "Nkolo ngai nandimeli!" Kasi Biblia ezali kondima likanisi oyo soko moke te. Elobi ete tokoki kozwa lobiko kaka soki ezali biso kosala mokano na Tata na Lola (Matai 7:21).

Pamba ten a liboso napesaki bino yango ezalaki ngai ete, 'Kristu Akufi mpona masumu na biso pelamoko elobaki makomi, mpe ete Akundami, mpe Asekwi na mokolo na misato, pelamoko elobaki makomi, (15:3-4)

Ntoma Paulo alobaki ete ateyaki oyo etalisamaki na ye epai na Nkolo Ye moko. Mbala mingi Biblia elimboli ete Mobikisi Asengelaki koya mpe kokufa mpona masumu na biso.

Yisaya 53:4-6 elobi ete, "Solo Akumbi mpasi na biso mpe

Amemi mawa na biso; nde totangi ete Apesameli etumbu ete Abetami na Nzambe mpe Anyokolami. Kasi Azokisami mpona masumu na biso, Atutami mpo na mabe na biso; etumbu oyo eyeiseli biso kimia etiami epai na Ye, mpe na mapipi na Ye, biso tobikisami. Biso nyoso topengwi lokola bampate, tombongwani moto na moto na nzela na ye moko; mpe YAWE Atieli Ye masumu na biso nioso."

Eteni oyo elobi mpona Yesu oyo Asengelaki na kozwa masumu na biso nioso. Yisaya 53:11 elobi ete, "Akomona mbuma na mpasi na molimo na Ye mpe Akoyoka malamu. Na boyebi na Ye, moumbo na Ngai na boyengebene akolongisa mingi; mpe Akokumba masumu na bango." Na kondima tolimbisami masumu na biso mpe tosembolami mpona kokoma bana na Nzambe. Lolenge ekozala biso kobika mingi kati na Liloba na Nzambe kati na kondima, nde boyengebene na koleka ekokoma biso.

Ezali na biteni mingi kati na Biblia oyo ezali kolimbola ete Yesu Akosekwa na mokolo na misato. Nzembo 16:10 elobi ete, "Mpo ete Okotika molimo na Ngai na esika na bakufi te; Okotika mondimi na Yo komona kopola te."

Matai 12:40 elobi ete, "Pamba te lokola Yona azalaki na libumu na mbisi monene mikolo misato mpe butu misato, bongo Mwana na Moto Akozala na libumu na mabele mikolo misato mpe butu misato." Awa 'libumu na mabele; na molimo elingi kolakisa Nkunda. Lokola ekomama, Yesu Akufaka na ekulusu na mokolo na Mitano, Afandaka kati na Nkunda mikolo misato, mpe Asekwaka tongo tongo na Eyenga.

...mpe ete Amonani na Kefa mpe na nsima na bazomi na mibale, Na nsima Amonani epai na bandeko nkama mitano nan tango moko,, mingi na bango bazali naino na bomoi nde bamosusu basili kolala mpongi. Na nsima Amonani epai na Yakobo na nsima epai na bantoma nioso.na nsima na nioso Amonani epai na ngai mpe. (15:5-8)

Kefa azali moyekoli na Yesu oyo ayebani lokola Petelo. Biblia elobeli na biso ete Nkolo mosekwi Amonanaki mbala mingi liboso na bayekoli na Ye zomi na mibale nde sima na bandeko koleka 500. Ezalaki na ebele na bazengeleke oyo bamonaka nzoto ebebaka te, ya lisekwa na Nkolo.

Na kokesana na lelo, ezalaki na ebele na bantoma nan tango na lingomba na ebandeli. Na molimo ntoma azali moto oyo ambongwani mpenza kati na solo. Azali ye oyo akoki kotosa mokano na Nzambe kino kufa mpe mpe oyo akoki kokokisa mosala na ye. Nzambe Apesa nguya na Ye mpona kotalisa bilembo mpe bikamwa epai na bango mpo ete bakoka koteya na nguya Sango Malamu.

Muana bebe oyo abotami matshombe azalaka na kilo na nzoto oyo ekoka te mpe makoki na ye asalaka lokola na bana misusu te. Paulo amikitisaki mpenza na kolobaka ete azalaki lokola mwana na lolenge wana to mpe na matshombe. Na tango azalaka ;Saulo', akanisaka ete ayebaka Nzambe, kasi azalaka na kondima ekoka te kati na Ye. Alingaka Nzambe na makasi na ye nioso mpe abatelaka Mobeko mobimba kati na Kondimana na Kala, kasi mpo ete atikala na kokutana na Nkolo Yesu te amekaka kokanga mpe na konyokola Bakristu. Paulo azali kolobela likambo yango na komikitisa na kolobaka ete azalaki lokola 'mwana matshombe'.

Oyo Ezali Ngai Ezali Kaka Ngolu na Nzambe

Pamba te ngai nazali nsima na bantoma nioso, nabongi kobiangama ntoma te mpo ete naniokolaki lingomba na Nzmabe. (15:9)

Ntoma Paulo azalaki oyo aleki monene kati na bantoma. Kati na mokanda na Misala eyebisami ete Nzambe Asekwisaki mowei na nzela na ye mpe na tango matambala mpe misuale misimbaki nzoto na ye, mitiamaki na babeli, nde bokono elongwaki bango mpe milimo mabe babimaki na bango. Bongo mpona nini ntoma Paulo alobaki ete azalaki nsuka na bantoma nioso?

Liboso na ye kokoma ntoma anyokolaki bandimi kati na Yesu Christu. Azalaki na nsoni monene mpona ye moko na tango akanisaka mikolo na ye na kala, yango tina alobaki ete 'azalaki moto na nsuka kati na bantoma'. Yango ezali kotalisa koyoka mabe na ye kati na motema mpe kotubela na ye. Na kolobaka boye, komikitisa na ye mpe emonani polele.

Nde nazali oyo ezali ngai mpona ngolu na Nzambe. Mpe ngolu na Ye epai na ngai eyaki mpamba te kasi nasalaki mosala koleka bango nioso, ata ezalaki ngai ten de ngolu na Nzambe elongo na ngai. Na bongo, soki ngai, soko bango, tosakolaki bongo mpe bino bondimaki bongo. (15:10-11)

Toki kosala mpona Nzambe mpo ete Apesi biso ngolu. Tokoki kobondela makasi, mpe koteya Sango MALAMU MPO Apesi na biso ngolu mpe makasi. Tokoki te kosala yango na makasi na biso moko. Nzambe Apesaka na biso makasi na Ye na tango tokomekaka kosala yango.

Ezali lolenge moko na kolongolka masumu. Soki tokokaki kolongola masumu na makasi na biso moko, nde Yesu Alingaki te kotangisa makila ma ye mpona biso. Tokoki te ata kolongola ata moke na lisumu na makasi na biso moko. Na tango tokoki kolongola masumu na nzela na mabondeli tokoki kolongola yango na nzela na ngolu mpe makasi epesami na Nzambe mpe na nzela na lisungi na Molimo Mosantu. Ezali makila na nkolo nde epetolaka bison a masumu na biso.

Ntoma Paulo asalaki koleka ba ntoma nioso. Ateyaka Sango Malamu na molende mpe na nzela na mibembo na ye misato na koteya abandisaki mangomba esika nioso ekeyaki ye. Azwaki konyokwama na lolenge nioso mpe kosekama. Abengamaka ata motambwisi na lingomba na lokuta. Bomoi na ye ezalaki na likama mbala na mbala. Abetamaka mpe abwakamaki na boloko mpe ata bongo, akobaki na koteya Sango Malamu.

Kasi alobaki ete ezalaki kaka ngolu na Nzambe oyo Azalaki

na ye elongo. Bango oyo bazali na kondima bakoyeba ngolu na Nzambe. Sima na kosala makasi, kobondelaka makasi mingi mpe koteya Sango Malamu , bakopesa nkembo nioso epai na Nzambe.

Kati na Masese 3:6 Biblia elobi na biso ete "Na nzela nay o nioso ndimela ye." Tokoki te kobikisa molimo moko na makasi na biso. Tokoki te kokokisa yango kaka mpo été tozali na mayebi mingi, koyebana, to bokonzi kati na bato. Nzambe Asepelaka mpe Apesaka na biso ngolu na lolenge ezali biso kobondela mpe kosala makasi kati na kondima. Yango tina tokoki kobota mbuma na kobikisama na milimo. Mosala na lolenge oyo ekozala libonza na bison a Lola.

Ntoma Paulo mpe bantoma misusu, mpe ebele na basali na Nzambe basalaki makasi mpe kati na koyika mpiko bateyaka Sango Malamu na lolenge oyo. Na nzela na misala na bango ebele na bato bayaki na kondimela na nzela na ekulusu mpe lisekwa mpe Bozongi na Nkolo.

Koloba ete Lisekwa Ezalaki Te

Soko Kristu Asakolami ete Ye Asekwi kati na bakufi mpona nini bamosusu kati na bino balobi ete lisekwa na kati na bakufi ezali te? (15:12)

Ntoma Paulo azalaka tolakisa bango lolenge nini basengelaki kobika bomoi kati na kondima mpe mpona etali molongo kati na lingomba mpe makabo na Molimo. Tosengeli kozala na kondima mpe elikia na lisekwa mpona biso kokokisa misala na biso malamu. Yango tina kati na Chapitre 15, Paulo alobeli kondima mpe lisekwa.

Na tango wana, ezalaki na mua bato baoyo bazalaki koloba été Nkolo Asekwaka te, mpo été eloko na lolenge oyo ekokaki te kozala. Bafalisai bandimaki mpe mpona 'milimo' kasi Basadukai bandimaki te. Bakanisaki été nioso ekokoma na suka soki bomoi na nzoto esilaki.

Lelo, ebele na bango bandimela te bakanisaka ete bomoi kati na mokili oyo ezali nioso. Kasi ata bongo, bakoki te mpenza koboya bozali na bomoi ekoya mpe esambiselo nizindo na mitema na bango, nde bakoyoka kobanga na tango esali bango masumu. Kasi soki bakokobaka na kosumukaka, mitema na bango ekokoba na koyeisama libanga mpe ata kobaga wana ekolimwa. Na esika wana ekozala pasi mingi mpona bango koyamba Yesu Christu ata soki ezali biso koteya Sango Malamu epai na bango.

Soko nde lisekwa na bakufi ezali te, mde Kristu Asekwi te. Soko Kristo Asekwi te, kosakola na biso ezali pamba, kondima na bino ezali mpamba mpe. Tozuami été tozali kosakola na lokuta na makambo na Nzambe. Tosili kosakola mpona Nzambe ete Asekwisi Kristu ; nde soko na solo bakufi bakosekwaka te, Asekwisi Ye te. (15:13-15)

Nkolo Ayaka kati na mokili oyo mpona kosikola bison a masumu mpe kopesa biso bomoi na seko na nzela na lisekwa na Ye. Soko asekwaka te, tokokaki mpe te kokoka kosekwa. Tokoki kososola lisekwa na Nkolo kati na Biblia, mpe lisituale mpe na bato elimboleli biso mpona yango.

Toyebi nani bayekoli na Yesu bazalaki. Butu liboso na Yesu kobakama na ekulusu bango nioso bakimaki kati na kobanga. Ata Petelo, oyo amonanaki lokola elombe kati na ba zomi na mibale, awanganaki mbala misato Yesu na kolobaka ete ayebaki Ye te.

Kasi lolenge nini bambongwanaki sima na bango komona lisakwa na Nkolo? Bateyaki Sango Malamu na koyika mpiko na kobanga eloko moko tea ta nan se na konyokolama makasi. Bakatamaka mitu, babakamaka na ekulusu, mpe ata kobwakama kati na mafutu kotoka na moto. Bambongwanaki makasi mpo ete bamonaki lisekwa na Nkolo. Bamonaki kozoka kati na maboko mpe na mopanzi na Nkolo oyo Asekaka mpenza. Sango Malamu eteyaka bango eteyaka sima Bokonzi na Baloma mpe epanzanaki kati na mokili.

Soki Christu Asekwaka te, tosengeli kozala baton a bolema. Mateya na biso masengelaki kozala pamba, mpe tokozalaka kaka bazengeleke na pamba. Kasi mpo été lisekwa ezali likambo esalema, tozali bato na liboma te, mpe misala na biso nioso mizali pamba te.

Soki lisekwa ezalaka te, Nzambe Alingaki te kosekwisa Yesu Christu. Nzambe Asalaki yango mpo été moto na moto oyo akondimela Yesu Christu mpe akufi sima, akoka mpe na kosekwa mpe kokota kati na Bokonzi na Lola.

Pamba te soki bakufi bakosekwa te mbe Christu Asekwi te. Soki Christu Asekwi te, kondima na bino ezali bobele pamba mpe bozali naino na masumu na bino, mpe bango balali mpongi kati na Christu babebi. Soko tozali kolikia na Kristu bobele na bomoi oyo, tozali koleka bato nioso na mawa. (15:16-19)

Bango oyo babengami Bakristu na solo bateyaka Sango Malamu kati na molende, basalelaka lingomba, basalaka makasi kati na esika na bango na mosala, mpe bapesaka moko na zomi na bango mpe makabo na kotonda. Bamekaka te kosangana na mokili kasi babikak bomoi ebulisama. Bakokendeke na kosepelisa nzoto te moko na Eyenga kasi bayaka kati na lingomba mpona kongumbamela Nzambe. Boye, soki lisekwa na Nkolo ezalaka te, bongo boni buzoba nioso oyo elingaki kozala!

Lisusu, ata soki masumu na biso malimbisami, nini ezali tina na yango soki tozali na lisekwa te ? Kasi mpo ete lisekwa na Nkolo ezali eloko na solo ezali bolema te. Solo bato na bolema bazali bango oyo bandimeli Nzambe te mpe bakanisi été bomoi oyo na nse na moi ezali nioso.

Yango tina Nzambe Alobi été bwanya na mokili oyo ezali ezali bolema (1 Bakolinti 3 :19). Na mayele, boyebi, makambo mpe makanisi na mokili oyo, bakoki te na kondima lisekwa na Nkolo Yesu. Yango tina Nzambe Alobi na biso mpe été tobuka mayebi mpe bonzoto na biso nioso.

Tosengeli mpenza kozala bato baleki bato na mawa nioso soki bomoi na biso esengelaki kosuka kati na mokili oyo. Nde, mpo été bato na nzoto na mokili oyo bakondimaka été bomoi oyo ezali nioso, bakanisaka été bandimi bazali bango na koyokela mawa na koleka.

Kati mpona oyo, bazali kaka koloba na makanisi na bango moko mpe mayele. Na tango bomoi oyo na ngonga moko esili mokili na seko mpe bomoi ezanga suka ekotalisama na miso na biso mpenza.

Christu Azali Mbuma na Liboso

> Nde solo Kristu Asekwi longwa na bakufi, mbuma na liboso na bango balali. Pelamoko kufa eyaki na nzela na moto, kosekwa mpe eyei na nzela na moto. (15:20-21)

Bakitani nioso na Adamu, moto na liboso, 'bakufa'. Bakufa mpo ete, ata soki banzoto na bango ezali kobika, bakokufaka solo mpe bango bakokende kati na Lifelo na seko. Ata soki bamonani lokola na bomoi, na molimo bazali bakufi, mpe na miso na Nzambe bakufa.

Kasi ba oyo bakufa kati na kondima na Yesu Christu oyo Asekwaka, bakoseka na mokolo na suka. Yango tina elobama ete bato oyo basila kolala 'mpongi'. Yesu Christu Azali mbuma na liboso na lisekwa na bango oyo basila 'kolala mpongi'.

Likomi na likolo elobi ete kufa eyaka na nzela na moto moko. Masumu ekotaki kati na mokili mpona kozanga kotosa na Adamu. Ye alakelamaka mabe mpe abengamanaka na

Elanga na Edene. Kati na Baloma 6:23 ekomama ete lifuti na masumu ezali kufa. Bakitani na Adamu babotamaka bango nioso na lisumu na ebandeli oyo ekitamaki bango na bakoko na bango mpe bango moko basumukaka kati na bomi na bango. Basumuki wana bango na masumu na ebandeli mpe masumu esumukaki bango na yango bakobwakama kati na Lifelo.

Mpo ete lifuti na masumu ezali kufa, moto moko asengeli kofuta mpona masumu na biso mpo ete tokoka kosekwa. Yango ezali na likambo na mobeko na bosikoli na mabele kati na Yisalele eye emonani kati na Lewitiko 25:23-28. Kati na biteni oyo, 'mabele' elakisi moto. Kati na Genese 3:19-23, elobami ete moto asalema na putulu na mokili. Kolandisama na Mobeko ekomama kati na Lewitiko, na tango moto ateki mabele na ye, ye moko to bandeko na ye bakoki kosikola mabele na kofutaka motuya esengela. Na lolenge moko, biso oyo tozalaki kokende na nzela na kobebisama tokoki kobika soki moto afuti mpona masumu na biso.

Nzambe Afungolaka nzela na kobikisama nanzela na Yesu Christu Ye oyo Azalaki na makoki, na kokoka, mpe na sembo nioso mpona kosikola mabele kolandisama na mobeko. Mosikoli asengeli kozala ndeko mpona kosikola mabele, mpe tokoki mpe kosikolama na masumu na biso kaka na ndeko oyo azali moto. Yango tina Yesu Ayaka kati na mokili oyo na nzoto na Ye mpe Abikaki kati na biso lokola moto (Yoane 1:14).

Lisusu, soki olingi kofuta nioso na moto mosusu, yo moko osengeli mpe kozal na niongo te. Bato nioso bazali bakitani na Adamu mpe babotama na lisumu na ebandeli. Kasi, Yesu

Azali na lisumu na ebandeli te mpo ete zemi na Ye ebandaka na Molimo Mosantu. Abatelaka Mobeko nioso mpe Atikala kosumuka te. Azalaki mpe na bolingo mingi mpenza mpe Akufaki na ekulusu mpona biso. Na bongo, bango oyo bandimeli Ye bakoki kolimbisama na masumu na bango mpe bakoki kokoma na lobiko.

Kolandisama na mobeko na molimo lifuti na masumu ezali kufa. Na bongo, soki moto azali na lisumu te, ekoki te kopesamela ye kufa. Kasi moyini zabolo abakaki na ekulusu Yesu Azanga lisumu mpe na mbeba te. Na kosalaka yango moyini zabolo abukaki mobeko na mokili na molimo. Lokola lifuti, moyini zabolo asengelaki kozongisela Nzambe bato oyo bandimeli Yesu Christu lokola Mobikisi na bango. Yango ezali lolenge nini misala na kosikola mpe mosala na lobiko ekokisamaka.

Pamba te lokola na Adamiu nionso bakokufaka, boye na Kristu nioso bakozua bomoi. Kasi moto na moto na kokitana na ye mpenza, Kristu mbuma na liboso, na nsima na komonana na Ye, baoyo bazali kati na Kristu... (15:22-23)

Bato nioso bakufaka likolo na kozanga botosi na Adamu, kasi tozwa bomoi na nzela na Yesu Christu. Mbuma na liboso na lisekwa ezali Christu. Ezala na moto moko te oyo asekwaka mpenza mpenza lokola Yesu Christu liboso na tango na Ye. Ezala na bato oyo basekwaka na nzela na Eliya mpe na Elisa (1 Mikonzi 17:22, 2 Mikonzi 4:35), kasi suka suka bakufaka. Mingi mingi, batikala kosekwa te mpona bomoi na seko lokola

Nkolo na biso Asalaka. Lisusu, Enoki na Eliya bakamatamaka na Lola tango na bomoi na bango (Genese 5:24, 2 Mikonzi 2:11), kasi bango 'basekwaka' te.

Eteni 23 elobi ete, "...Na nsima na komonana na Ye, baoyo bazali kati na Kristu." Awa, 'baoyo bazali kati na kristu' etalisi bango bandimelaki Nkolo mpe bakufa mpe milimo na bango ekenda na Bokonzi na Lola. Nkolo Akoya na bango na tango Akozonga.

Milimo na bango bandimela Nkolo mpe bakufa mikozonga na mopepe elongo na Nkolo na tango Akozonga. Na tango yango, banzoto na bango miye mizali kati na balilita ikombongwana na ba nzoto na molimo mpe ekosangana na milimo na bango kati na mopepe.

. ...Boye, suka ekoya wana ekopesa Ye bokonzi epai na Nzambe mpe Tata, nsima wana esili Ye kobwaka lokumu nioso mpe bokonzi nioso mpe nguya nioso. Pamba te ekotia Ye bayini nioso nan se na makolo na Ye. Moyini oyo akobukama na suka ezali kufa. (15:24-26)

Sima na bango oyo bandimelaka Nkolo mpe bakundamaka kati na ba lilita kosekwa mpe bakende na likolo, ekozala na basusu oyo bakolanda bango na konetwama na mopepe. Mingi mingi, bandimi kati na bango oyo bazali na bomoi bakonetwama lkati na mopepe na komonaka kufa te.

Kati na eteni na likolo ekomami ete, "ekopesa Ye bokonzi epai na Nzambe mpe Tata." Etalisa tango oyo mosala na koleka na bato na nse na moi ekosila. Na bongo, lokumu nioso, mpe bokonzi nioso mpe nguya nioso ekozala lisusu na ntina te. Kati na Bokonzi na Lola, makambo mana nioso mazali na ntina moko te, nde elobami été mikosilisama nioso.

Eteni 25 elobi ete, "Pamba te ebongi na Ye ete azala na bokonzi kino ekotia Ye bayini nioso na nse na makolo na Ye." Na tango Nkolo Akozonga kati na mokili. Ye elongo na bandimi bakokonza lokola mikonzi. Kino tango oyo ekoma Nkolo Akotia naino bayini na Ye na nse na makolo na Ye te.

Sima na Bokonzi na mbula Nkoto mpe kosambisama na Kiti Monene Pembe ekosila, kati na eteni 26, moyini na suka oyo akosilisama ezali kufa. Bongo, nini kufa Azali?

Moyini Satana amemela biso bozangi sembo na lolenge nioso, makambo na nsoni, mpe masumu. Mpe makambo nioso oyo na solo te ebengama na mobimba 'kufa'. Kufa oyo ekosilisama mpe lokola sima na kosambisama na Kiti Monene na Pembe. Yango tina elobama été, "Moyini na suka akobukama azali kufa."

"MPO ETE ASILI KOKITISA BILOKO NIOSO NA NSE NA MAKOLO NA YE. Ezali yango koloba ete, 'biloko nioso esili kokitisama,' emonani polele ete mokitisi azali kati na biloko yango te. Wana ekiti biloko nioso na nse na makolo na Ye, Mwana Akotia nan se na bokonzi na Ye oyo Akitisi biloko nioso nan se na Ye, ete Nzambe Azala nioso kati na bato nioso." (15:27-28).

Biblia elobi ete Nzambe Akelaka ba kikolo mpe mokili mpe biloko nioso kati na yango na nzela na Yesu Christu. Nzambe

Atia biloko nioso nan se na bokonzi na Yesu Christu, nde bongo Yesu Christu Azali Mokonzi na biloko nioso.

Bongo, Nkolo Akoki te kozala nan se na ekelamo na Ye. Kokesana na biso bato, Yesu Christu Azali na nzoto na molimo ekobebaka te, yango ntina Azali na nse na eloko moko te.

Nzambe Azali Ye oyo Atia nioso na nse na kokonzama na Yesu Christu. Sima na kosambisama na Kiti Monene na Pembe, na tango moyini zabolo atiami na kufa mpe biloko nioso mizongisami sika, Yesu Christu Akokitisama mpe na nse na Nzambe. Na nzela oyo, botosi na solo solo ekokisami.

Oyo eteni oyo ezali kolobela ezali molongo na makambo. Yambo ezali Nzambe Mokeli, elandi Ye ezali Mwana na Ye Yesu Christu. Elandi, ezali bana na Nzambe babikisama mpe nan se na biso ezali mapinga na Lola mpe banje bango bazali kosalela biso.

Yesu Christu Alandaka molongo kati na Tata mpe Mwana mpona kobatela molongo yango. Eloko te ekoki solo kosala soko molongo mozali te. Biloko nioos kati na likolo, mokili mpe nioso kati na yango, elandaka molongo mpe mibeko. Mokili na molimo etambwisami mpe na mibeko.

Libatisi Mpona Bakufi

Soko te, baoyo bakobatisamaka na ntina na bakufi bakosalaka nini? Soko bakufi bakosekwaka solo te mpona nini bato bakobatisamaka na ntina na bango? (15:29)

Basusu basosolaka eteni oyo mabe mpe bakolakisaka ete "soki bozwi libatisi mpona bakufi, Nzambe mpe Akobikisa bango." Kasi yango ezali solo soko te. Ata soki tobondeli mbala boni, tozwi libatisi, mpe topesi mabonza mpon bakufi. Ezali pamba.

Tosengeli kozwa lobiko na kondimelaka Nkolo na tango ezali bison a mokili. Soki tobikisami ten a nzela na bomoi na biso kati na mokili oyo, moto oyo azwli mokufi libatisi akosal eloko te.

Luka 16:19-31 elobeli biso lisolo na moto mozwi mpe mobola Lazalo. Mobola Lazalo azalaki na kondima, mpe amemamaki na baje na ntolo na Abalayama epai na banje. Kasi moto na misolo asanganaki na mokili kati na bomoi na ye na mokili oyo, mpe lokola lifuti na masumu na ye azindaki kati na Kunda, yango na ngambo na Lifelo. Pain a ye azalaki mpenza monene nde alombaki na Abalayama mpo ete azwa litanga na mai, kasi akokaki te. Moto na misolo alingaki ba ndeko ba ye babali mpe asengaki na Abalayama atinda Lazalo mpona koteya bango mpo ete bakoka kozwa lobiko mpe baya na esika wana te.

Kasi Yesu Alobaki na bango bandimaka bilembo na Nzambe na nzela na Mose te to mpe na basakoli ete bakondimaka tea ta soki auti na mokili ba bakufi mpe ateyi mpona Lola mpe Lifelo. Nini moto na misolo oyo akokaki koloba soki akokaki kobokisama na kotungisama na Lifelo! Alingaki kosenga ba ndeko babali na ye babondela mpona ye mpe bazwa libatisi na ntina na ye. Kasi mpo ete ayebaki ete akokaki kobika te, asengaki na Abalayama atika bandeko babali ba ye bayoka Sango Malamu. Mpe na limbola na ye ezali na lobiko te mpona bango basili kobika.

Bongo, nini 'bakufi' elingi koloba kati na eteni na likolo?

Elobeli bato nioso kobanda na Adamu bango oyo basila kokufa likolo n amasumu, mpo ete lifuti na lisumu ezali kufa. Nde, moto nioso kati na biso liboso na biso kondimela tozalaki na ngambo na 'bakufi', ata bapagano wana bango naino bandimela Nkolo te. Moto azali molimo, elema, mpe nzoto, mpe mpo ete molimo, nkolo na moto, ekufa, tolobi ete bakufa ata soki bomoi na nzoto ezali kati na bango. Bango oyo bazali bakufi na molimo bazali baton a elema mpe baton a nzoto, mpe bango bakokweya kati na Lifelo.

Kasi, eteni 22 elobi ete, "Pamba te, lokola na Adamu nioso

bakokufaka, boye na Kristu nioso bakozwa bomoi..." Elobi na biso ete bango oyo basila kokufa bakosekwa na tango bandimeli Yesu Christu mpe bayei na kotubela. Biso mpe tozalaki na kokufa liboso, kasi tosekwi na nzela na Yesu Christu.

Elandi, ezali kolobela mpona 'libatisi.' Libatisi ekoki kokabolama na libatisi na mai mpe libatisi na moto. Na molimo mai elakisi Liloba na Nzambe. Nde, kozwa libatisi na mai elakisi kopetola motema na biso na Liloba na Nzambe. Na maloba mosusu, libatisi na mai ezali elembo na mosala na kotalisa ete totubeli, tozwi kolimbisama na masumu, mpe tozwi lobiko. Kasi, libatisi na mai ezali nioso te. Molimo na biso mosila kokufa esengeli kosekwa na nzela na biso kozwa Molimo Mosantu. Tosengeli mpe kotumba miboko nioso na masumu na kozwaka libatisi na moto esantu na Molimo Mosantu mokolo na mokolo.

Lolenge oyo, motema na biso ekatami ngenga, mpe tokoki kombongwana kati na solo mpona biso kozwa ezaleli na Yesu Christu. Nde, tokobimisa solo malasi na Christu kowuta kati na biso. Na tango moto oyo amesana kozala na ezaleli na moto moto ambongwani na moto malamu, bandeko kati na libota na ye oyo bandimela te bakoki koteyama mpe babanda koya kati na lingomba. Lolenge ezali bango koya na lingomba, bayoka Liloba na Nzambe, mpe kombongwana, bakoki kozwa Molimo Mosatu mpe basekwisa molimo na bango ekufaka, mpo été bakoka kokende nzela na bomoi na seko. Na bongo, libatisi mpona bakufi kati na makomi na likolo elakisi été, yambo na nioso, bozwi bokatami ngenga na motema na nzela na Molimo

Mosantu mpe moto na Ye mpo été bokoka kosangana na lisekwa. Na mibale, elakisi komilakisa lokola ndakisa na kolanda mpe na kolikia. Na tango bandimi bakatami ngenga na motema mpe bakomi pole mpe mungwa na mokili, bazangi kondima bakoki kotutama na lolenge malamu nde bango mpe bakoki kolinga kokende na nzela na lobiko.

Na ebandeli kati na chapitre 8 eteni 13, ntooma Paulo alobi été azalaki na kondima na kolia mosuni, kasi alingaki te kolia yango soki yango ekokaki komema ndeko kati na kondima kobeta libaku. Oyo ezali ndakisa na kopesa solo malasi na Christu mpe kozwaka libatisi mpona moto mosusu. Tomekaka oyo ekoki biso kati na makambo nioso mpona kotia ndakisa malamu mpona kobikisa mobali andimela te to bandeko mpe tokokisa Bokonzi mpe bosembo na Nzambe.

Yango tina tolongolaka nokinoki mabe mpe tokataka ngenga na motema. Bandimi basengeli kobika mpona bakufi, yango elakisi bango bandimela te. Lolenge ezali biso kosalela basusu mpe tombongwani na kozwaka bokatami ngenga na motema, na ndenge mosusu, 'lokola ekozwaka biso 'libatisi', bandeko na libota na biso to bazalani bayokaka mpimbo na Christu mpe bazwaka lobiko.

Eteni 29 elobi ete, Soko te, baoyo bakobatisamaka na ntina na bakufi bazali kosala nini? Soko bakufi bakosekwa solo te, mpo na nini bato bakobatisamaka na ntina na bango?" Elakisi ete tosengelaki te kozwa libatisi soki ezalaki na lisekwa te. Elakisi été tosengeli komibongola biso moko to mpe na kozwa bokatami ngenga na motema mpona bato misusu ; tokoki kaka kobika lolenge elingeli biso.

Mpona kosukisa, 'kobatisama mpona bakufi' elakisi été tokozwaka libatisi mpona biso moko lolenge moko na bato misusu oyo milimo na bango mikufa. Mingi mingi, na tango badimi babulisami, babiki kati na solo, mpe babandi kobimisa malasi na Christu mpe koteya Sango Malamu, bandimela te bakoki kondimela Nkolo mpe bazwa lobiko.

Biso mpe, mpona nini tozali kati na makama tango nioso? Mokolo na mokolo nazali kokufa! Nalobi boye bandeko mpona lolendo lozali na ngai mpona bino kati na Kristu Yesu Nkolo na biso. Naloba bobele lokola moto mpenza! Nazwi litomba nini soko nabundaki na nyama na yauli kati na Efese? Soki bakufi bakosekwa te, toliaka mpe tomelaka pamba te tokokufa lobi! (15:30-32)

Tokoki kokutana na minyokoli na tango ezali biso koteya Sango Malamu epai na bandimela te. Bango oyo bandimaka na biyambi misusu bakoki kolinga yango te koyoka Sango Malamu. Mingi mingi, na ekeke na ntoma Paulo, ezalaki na makama mingi mpe minyokoli. Na eteni 31 oyo elandi, Paulo Alobi été, "Mokolo na mokolo nazali kokufa," yango elobeli bokatami na ngenga na motema. Mingi mingi, lolendo na ye, bon gai, moto mangongi, koyina, ezaleli na kosambisaka, moto moto, lofudu, mpe moyimi mitiamaki na kufa. Tokoki kozala na ezaleli na Nkolo mpe tokoma bato na solo mpe moto na molimo na lolenge tolongoli mabe kati na biso.

Ntoma Paulo alobaki ete azalaki na komikumisa mpo ete

azalaki mokolo na mokolo kokufa na lolenge oyo. Kati na 1 Bakolinti chapitre 13, alobi ete, "Bomimatisaka te." Kasi tokoki komimatisaka kopesaka nkembo na Nkolo. 1 Bakolinti 10:31 elobi ete, "Boye, soko bokoliaka, soko bokomelaka, soko bokosala nini, bosala nioso mpona nkembo na Nzambe."

Eteni 32 elobi ete, "Naloba bobele lokola moto mpenza, nazwi litomba nini soko nabundaki na nyama na yauli kati na Efese?" '

Lolenge elobaki Paulo mokolo na mokolo azalaki kokufa, eloko moko oyo akosungaka biso ezali kolongola masumu kati na biso. Lolenge oyo tokoki kobika na molimo mpe tosekwa. Elandi, "Soko bakufi bakosekwaka solo te, toliaka mpe tomelaka pamba te tokokufa lobi!" baton a mokili bakanisaka ete bomoi kati na mokili ezali suka, nde bongo bakoki kolia komela mpe kosumuka lolenge elingeli bango. Ata soki bayoki ete, "ezali na Lola mpe Lifelo mpe bandimela te bakokende na Lifelo." Bakoloba été bakoyeba yango na tango bakufi ! Kasi na tango bakokufa, ekozala trop tard mpe koyoka mabe ekozala na ntina moko te.

Bozimbisama te; 'kotambola na baton a mabe ekobebisaka malamu na motema.' Bozonga na makanisi na sembo mpe bosala masumu lisusu te. Mpo été bamosusu bayebi Nzambe te. Nazali koloba boye mpona koyokisa bino nsoni. (15:33-34)

Ezali na bato misusu oyo balobaka ete bandimela Nzambe kasi basalaka masumu mpe babikaka lokola bana na Nzambe te oyo bakolandaka solo. Bato wana bamekaka kolimbola Biblia

Lisekwa

lolenge elingi bango na kolobaka ete 'bakondimaka' lolenge esosoli bango.

Balobaka mpe ete, "ezzali mabe ten a komela kopo moko to mibale na masanga, mpo ete Biblia elobi ete, 'bolangwa masanga te." Kasi ezala ete omeli kopo moko to ebele, okolangwa na lolenge emelaki yo. Nzambe Alobi ete tomikosana te na yango bato na lolenge oyo bakolobaka. Soki tondimi makambo na lolenge oyo, bato misusu mpe bakoki na kobebisama. Baninga mabe bakobebisaka mitema malamu mpe bango bamemaka bozangi sembo epai na basusu. Lokola elobami kati na 1 Petelo 5:8, moyini zabolo azali konguluma pembeni lokola nkosi konguluma komeka kokanga moto mpona kolia, nde bongo tosengeli kozala na mayele mpona kosala kati na sembo mpe na kosala masumu te.

Na tango bato oyo bayebi mpenza Nzambe te bakosumukaka, bakoki kotubela mpe balongwa mpo ete naino batikala koyeba solo te. Soki tozali na ebandeli na kondima mpe tozali na makasi na kolonga masumu te, nde tokoki komeka kolongolaka masumu na nzela na kobondela.

Kasi, soki moto oyo ayebi solo mpe azali na makasi na kobika kati na solo akobi na kosumukaka, ekoki te kondimama. Bato basengeli kokende na nzela na kobebisama likolo na masumu, mpe Yesu Asengelaki kozwa ekulusu mpona kosilisa likambo oyo na masumu.

Boye, ezali malamu te kolakisa bango oyo bazali na kondima ete bakoki kosala masumu mpe sima batubela. Tango nioso

Biblia elakisaka biso ete tosumukaka te kasi tobika kati na pole mpo ete tokoka na kopetolama na masumu na biso. Soki te, soki tokosumukaka na kotubela te, tokokende nzela na kufa. Na boye, tosengeli soko te kokende nzela na kufa na kolimbolaka mabe ngolu na Nzambe.

Nkembo na Moko na Moko Ekesana Kati na Bokonzi na Lola

Kasi moto moko akotunaka ete, "Bakufi bakosekwa nzela nini? bakoya na nzoto na motindo boni?" Zoba! Nkona oyo ekokonama ekozua bomoi te bobele ete ekufa naino. Mpe yango ekonaka yo ezali nzoto oyo ekoya te kasi bobele mboto na bolumbu, soko na masangu soko na lolenge mosusu. Nde Nzambe Akopesaka yango nzoto pelamoko elingeli Y, na lolenge na lolenge na mboto, nzoto na yango mpenza. (15:35-38)

Bango oyo bayebi Nzambe te, bango oyo bandimaka tea ta soki ezali bango koyangana na lingomba, mpe bango oyo basanganaka na mokili na kosalaka masumu batunaka ete, "Lolenge nini bakufi basekwaka?" Ntoma Paulo alimbolI lisusu mpo ete bango oyo batiaka tembe bakokoba na kondima te.

Paulo alobi été bango oyo babetaka tembe mpe bandimaka te bazali bazoba. Nzembo 53:1 elobi été, "Elema alobi na motema na ye été, 'Nzambe Azali te.' Bamibebisi, bazali kosala mabe mingi, moko azali te oyo akosalaka malamu." Na lolenge moko, soki moto akondimaka te lisekwa na Nkolo mpe Alobi été, « Lolenge nini bakufi bakosekwaka ? » nde wana azali zoba. Ntoma Paulo apesi lisese na nkona mpona kososolisa bato yango.

Na tango eloni bino ba nkona ekoki kaka kobimisa na tango yango ekufi. Bikoki te kobima soki nkona etikalilolenge ezali. Lolenge moko, Paulo atunaki na bango mpo nini bakoki kondima te lisekwa na tango bayebaki été nkona ekoki kobima mpe kobota mbuma kaka sima na yango kokufa.

Ba mbuma yango izalaka kaka molumbu. Na tango ekokufa nde ekozwaka lolenge moko. Mokano na Nzambe ezali ete tobuka oyo elonaki biso. Boye, tokozwaka lolenge ezali madesu na tango tolonaki madesu. Tokozwa masango na tango mboto ezui lolenge na yango. Ezali lolenge moko na ba nkona misusu.

Mpo ete misuni nioso ezali na motindo moko ten de na bato motindo mosusu, na nyama motindo mosusu nan deke motindo mosusu, na mbisi motindo mosusu. (15:39)

Awa, 'mosuni' elakisi elilingi na lolenge moko to mpe lolenge na eloko. Na mosuni yango, yango ezali lolenge na lolenge, tokoki koyeba nyama na nyama. Nde bongo, mosuni na moto, mosuni na banyama, mpe mosuni na mbisi mikesana nioso.

Ntoma Paulo azali kolobela yango mpona kolimbola ba nzoto na molimo oyo tokozala na yango kati na bokonzi na Lola. Ndakisa, tokozala na ba lolenge na ba suki mikesana mpe bilamba mpe lokola. Ba suki na mibali mikokita kino na ba kingo, mpe mpona basi, molai na suki yango moko ezali libonza. Bango oyo bazali na mabonza maleki minene bakozala na ba suki na bango kokomaka kino na esika na loketo. Tokolata bilamba na pembe na petepete kati na Lola, mpe kongala na yango ekokesana kolandisama na lolenge tosantisamaka tango ezalaki biso kati na mokili. Bisika na kobika kati na Lola misengeli kotiama na milongo mpe na kokabolama mpo ete etape mpe monene na kobulisama oyo moko na moko akokisaki ekesana.

Nkembo na Moi mpe na Sanza Mikesana

Nzoto na likolo ezali, nzoto na mokili ezali mpe lokola' nde nzoto mosusu ezali na Likolo, nzoto mosusu ezali mpe na mokili. Nde nkembo na nzoto na likolo ezali motindo moko; nkembo na nzoto na mokili ezali motindo mosusu. Nkembo na moi ezali motindo moko, nkembo na sanza ezali na motindo mosusu mpe nkembo na minzoto na motindo mosusu, mpo ete monzoto na monzoto na likolo ekesene na ndenge na nkembo. (15:40-41)

Mpona kolimbola likolo na 'lisekwa', ntoma Paulo apesaki masese na biloko na mokili kino na esika oyo, kasi kobanda na esika oyo abandi kolimbola mpona oyo etali banzoto misusu.

Bandimela te bazali solo baton a mokili oyo. Kati na bandimela, ezali na 'masango' mpe 'matiti mabe'. 'Masango' elakisi bango oyo babikaka kati na boyengebene kolandisama na Liloba na Nzambe. Bato wana bazali na elikia mpona bokonzi na likolo mpe bomoto na bango ezali kuna. Bazali bato na bokonzi na likolo mpe bazali ba nzoto ('elilingi' to 'lolenge') oyo na Lola.

Kasi soki moto ayebi dimension na molimo te, bakosalaka masumu mpe babiki kati na molili lolenge elingi nzoto, azali moto oyo na mokili. Awa, tokoki komona été ezali na ba nzoto oyo ezalaka na mokili mpe oyo ezalaka na Lola. Bango oyo bazalaka na Lola bakozwaka solo nkembo na Lola, mpe bango oyo bazalaka na mokili bakozwaka kufa, yango Lifolo. Kasi kati na bango oyo na Lola, moko na moko akozwaka nkembo ekesana kati na Lola.

Esika na koingela mpona moto moko na moko ekokesana kolandisama na kondima na ye. Tokoki koloba ete kondima na moto ekoki kokabolama kati na bitape mitano. Bango oyo bauti kaka kondimela Nkolo to mpe bazwi lobiko na mawa bakokende kati na Paradiso.

Na tango kondima na bango ekoli na lolenge moko boye, bakomeka kobatela Liloba na Nzambe, kasi bakoki mpenza kosala yango malamu te. Yango ezali etape na mibale. Bato oyo bakokota kati na Bokonzi na liboso kati na Lola. Na tango bakoli na koleka kati na kondima mpe bazali na kondima na kosalela Liloba na Nzambe, bakokota kati na Bokonzi na mibale kati na Lola. Yango ezali etape na misato kati na kondima. Soki bakomi na sima mpona kolongola mabe na bango nioso, bakozwaka Bokonzi na misato kati na Lola, mpe bango oyo basepelisi Nzambe na esika eleki likolo na etape na mitano bakoingela kati na Yelusaleme na Sika.

Awa, nkembo na moi elakisi nkembo na bango oyo bakabwani na lolenge nioso na mabe mpe basantisami mpe bakei kati na Bokonzi na Misato to Yelusaleme na Sika. Nkembo na sanza ekopesamela bango bakoti kati na Bokonzi na mibale na Lola, mpe nkembo na minzoto na bango oyo bakoti kati na Bokonzi na Liboso na Lola. Bango oyo bakoti kati na Paradiso batikala kosala eloko moko te mpona Nkolo, mpe bakozwaka libonza moko te. Bongo, tokoki te koloba ete bazwi nkembo.

Awa, nkembo na moi, na sanza, mpe oyo na minzoto ekesanaka mingi mpenza. Lisusu, monzoto moko na moko ezali na nkembo na yango. Ebele na minzoto mizali na kongenga na yango moko mpe minene na yango, ezali mpe lolenge moko na nkembo ikopesama. Moko na moko akozwa nkembo ekesana mpe mabonza kati na Bokonzi na Lola.

Paulo azali kolakisa na biso ete kaka lolenge ba nzoto na bato, mbisi, bandeke, mpe ba nyama mikesana nioso, mko na moko kati na Lola akozala na nzoto na molimo mpe ebonga kolandisama na lolenge nini asantisamaki mpe akomaka moto na molimo.

Soki tokondimaka na lisekwa te, tokozala na elikia moko te mpona Bokonzi na Lola; tokobundaka ten a masumu to mpe tomeka kozwa nkembo na moi kati na Lola. Mpona yango, Paulo alimbolaki na lisese na nkona mpo ete bango bakoka kondima mpona lisekwa, nde sima alimbolaki lolenge nini ba nzoto na molimo mikesana kaka lolenge banzoto na mosuni mikesana.

Lisekwa na Bakufi

Ezali mpe bongo na lisekwa na bakufi. Ekokonama eloko na kopola, ekosekwa eloko na kozanga kopola. (15:42)

Esila mpe kolimbolama ete mpo ete molimo ezali seko, tolobaka ete bango bandimela Nkolo mpe basila kokufa 'balali mpongi'. Kasi mpo nini Paulo azali kolobela lisekwa na bakufi awa?

Ata mpona mondimi, na tango nzoto na ye ekufi molimo na ye ekolongwaka nzoto na ye. Na tango ezali biso kolobela mpona nzoto oyo na mosuni, tolobaka 'bakufi'. Na tango nzoto ekundami kati na kunda, ekozonga na ndambo na mputulu, kasi na tango Nkolo Akozonga na mopepe, nzoto na mosekwi ekosekwa na nzoto oyo na molimo mpe ekokamatama kati na mopepe. Yango ezali 'lisekwa na bakufi'.

Na eteni na likolo, nini yango elakisi ette "Ekokonama nzoto na kopola, ekosekwa nzoto na kopola te"?

Tozalaka na makanisi malamu mpe na makanisi mabe. Makanisi na nzoto, oyo ezalaka makanisi na molimo te, mizali makanisi na malamu te mpe ikokufaka. Baloma 8:6-7 elobi ete, "Kotia motema na makambo na nzoto ekoyeisa bobele kufa, nde kotia motema na makambo na molimo ekoyeisa bomoi mpe kimia. Mpo ete motema motiami epai na nzoto ezali moyini na Nzambe. Eyebi kotosa mibeko na Nzambe te ; ekoki mpe kosalaka boye te. »

Makanisi na nzoto ezali kufa, mpe mikokufaka. Bango oyo bazali kolanda makanisi na mosuni bakosambisaka mpe bakokatelaka mabe misusu mpe bakozwa misala na Satana moyini. Yango nde makanisi na mosuni makotelemelaka Nzambe, mpe Paulo alobi na biso été tosengeli na kokweisa maloba mpe makanisi nioso na kanga été matosa Christu (2 Bakolinti 10 :5).

Na lolenge oyo tokabwani na makanisi na musuni, tokki kozala na makanisi na molimo mpe makanisi na solo mpe tombongwana na bato na molimo. Lolenge ekoboma biso mpe tokolongolaka makanisi na nzoto, nde bongo tokozala na koyina te, kosambisa, kokatelaka mabe mpe mabe na lolenge nioso ekobimaka kati na biso. Tokobukaka makambo na molimo mpe makokufaka te na lolenge elongoli biso solo te. Yango tina ntoma Paulo alobi été, "Nazali kokufa mokolo na mokolo."

Ekokonama na motindo na nsoni, ekosekwa na motindo na nkembo; ekokonama na bolembu, ekosekwa na nguya; ekokonama nzoto na mosuni mpenza ekosekwa nzoto na molimo. Soko nzoto na mosuni ezali nzoto na molimo ezali mpe. (15:43-44)

Nzambe Apesaka na biso nkembo mpe atondisaka biso sika na solo na tango tolongoli makambo mazangi sembo mpe na nsoni. Molema na biso etamboli malamu, makambo nioso matamboli malamu na biso, mpe tozwi nzoto makasi na lolenge tolongoli makambo mana mazanga solo.

Elobama ete, "ekonami na bolembu." Awa, bolembu elakisi bolembu na molimo kati na motema. Kasi ezali motema na kosokema, na kosalela, oyo ebetisaka sete na likanisi na moto te. Lokola elobaki Yesu été, "Nazali koloba na bino solo été, 'Soko bokombongwana mpona kokoma lokola bana mike te, bokoingela kati na bokonzi na Likolo te" (Matai 18 :3), bato na solo bazalaka na motema na kosokema lokola bana mike.

Soki tokolona kati na bolembu na nzoto, tokobika lisusu an makasi na molimo. Ezali motema na bolembu oyo ekoki kobalola litama oyo mosusu na tango litama na moto yango ebetami. Toloba été bokoki koloba été, "Ndeko, obeti litama na ngai na mobali, kasi nakolinga kopesa yo litama oyo mosusu mppe lokola, soki yango ekoki kosunga yo kozala na kimia na makanisi," boye, lolenge nini ekoki kozala na koswana to kokabwana ?

Na tango toloni kati na bolembu mpe tobuki makasi na molimo, moyini zabolo mpe satana bakolongwa. Mpo ete tondimami mpe tolingami epai na Nzambe, tokotambwisama na nzela na bofuluki mpona kopesa nkembo epai na Nzambe mpe topesa solo malasi na Christu.

Kati na mokili oyo tozali na bokeseni kati na makambo. Ezali na malamu mpe mabe, mpe ezali na banzoto na mosuni mpe banzoto na molimo. Makambo mana makolobela biso ete bomoi kati na mokili ezali nioso te mpe ezali suka te.

Mpona biso kolongola solo te eye eluti kati na mokili oyo, tosengeli koyeba ete tokosepela nkembo eleki myele nioso kati na bokonzi na seko na Lola. Nzambe Akotondisa bison a makambo na molimo na bokonzi na Likolo soki tokolandaka mokano na Nzambe mpe tobiki te kolandisama na ba mposa na biso. Yango ekonami na nzoto na mosuni, na mokili, mpe yango ekosekwa na nzoto na molimo.

Pelamoko ekomami ete, Adama moto na liboso ayaki na nzoto na vomoi; Adama na nsima ayei molimo oyo ekopesaka bomoi. Kasi oyo na molimo ayei moto na liboso te, nde oyo na mosuni; oyo na molimo ayei nsima. (15:45-47)

Nzambe Akelaka moto na liboso, Adamu mpe Apemaki kati na zolo na ye mpema na bomoi mpona kokomisa ye molimo na bomoi. Kasi molimo na ye ekufaki na tango asalaki lisumu. Kasi Adamu na nsima, Yesu Christu, Asukisaki likambo na masumu mpona kokoma molimo eye ekosekwisaka milimo misila kokufa.

Eteni 46 elobi ete, 'Kasi oyo na molimo ayei moto na liboso te," mpe yango ekolobela moto na liboso Adamu. Moto na liboso Adamu azalaki moto na molimo te mpo ete azalaki na mosuni. Yango tina akwosamaki na Satana mpe akendaki nzela na libebi mpo ete asumukaki. Azongaki na mosuni, oyo ezali eloko oyo ekokufaka. Kasi Yesu Azali moto na molimo mpo ete Akitaki longwa na Lola mpe Abotamaki nannzela na nguya na Molimo Mosantu. Moto na liboso Adamu abotamaki na mabele mpe azalaki moto na mokili. Kasi moto na mibale, Yesu, Abotamaki Lola. Yoane 1:14 elobi ete, "Liloba Akomi mosuni mpe Atemisi mongongo na Ye kati na biso," mpe yango elakisi ete Ayaki longwa Lola kati na mokili na lolenge na moto mpona kobikisa biso.

Lokola ezalaki ye moto na mabele, bongo bango bato na mabele. Mpe lokola ezali Ye moto na Likolo bobele bongo mpe bango baton a Likolo. Pelamoko tomemi elilingi na moto na mabele, boye tokomema elilingi na moto na Likolo. (15:48-49)

'Na mabele' etalisi moto na bosolo te. Soki tokobika kati na bango oyo bazali kobika kati na solo te mpe babiki kaka lolenge elingeli bango, elingi kolakisa été tozali mpe bato na nzoto.

Liboso na biso toya na kondimela Yesu Christu, tozalaka bato na nzoto, mpe tobikaki kati na solo te. Kasi wuta tondimela Yesu Christu mpe toyamba Molimo Mosantu, makanisi na biso mpe mikano mimbongwani. Tokomi bana na Nzambe mpe sasaipi tokomi bato na Likolo. Bango oyo bazali na kondima babikaka kati na Liloba na solo, yango ezali Yesu Christu, nde bongo bakozala na elilingi na yango oyo ezali na Lola.

Tokonaka oyo epolaka, mpe tobukaka oyo epolaka te ; mpe tolonaka na nsoni, mpe tokosekwa na nkembo ; tolonaka kati na bolembu mpe tosekwaka makasi ; tolonaka na nzoto na mosuni mpe tokosekwaka na nzoto na molimo mpona kokoma bato na Lola. Tokombongwana na bato na molimo na lolenge elongoli biso lokuta na lisungi na Molimo Mosantu, nde na lolenge moko oyo tokokoma bato na Lola.

Biso Nioso Tokombongwana na Kelelo na Suka

> Bandeko nazali koloba oyo ete mosuni mpe makila ekoki kozua Bokonzi na Nzambe te. Oyo epolaka ekosangolaka yango ezangi kopola te. (15:50)

Natango ezwi bango kanda bilongi na ebele na bato ekomaka mitane. Yango ezali mpona makila kotambolaka nokinoki. Awa, 'makila' ezali na limbola moko na mosuni. Mosuni elakisi biloko nioso mikoki ten a koumela kati na solo. Makila mpe mosuni makoki te kosangola bokonzi na Nzambe. Bongo bokoki kokanisa été, "Nazali na makila mpe mosuni, mpe ezali na litomba te kondimela Yesu Christu ?" Kasi yango elakisi eloko na lolenge wana te.

Ata soki tokoki na kpzala na kokoka te, suka suka tokosangola bokonzi na Nzambe lolenge ezali biso nokinoki komeka kombongwana kati na kondima. Kasi wuta nkembo na moi, na sanza, mpe na minzoto mikesana, tokozwa bisika na koingela mikesana kati na Lola kolandisama na bosembo mpe na koyika mpiko tozalaki na yango mpona komeka kolongola masumu mpe tobulisama.

Sasaipi, kati na eteni 42, ekomama ete, "ekokonama eloko na kopola, akosekwaka eloko na kopola te," mpe kati na eteni 50 elobami ete, "...Oyo ekopolaka ekosangola yango ezangi kopola te." Mpona nini ekomami na lolenge oyo? Ezali polele ete tokoki te kosangola Bokonzi na Nzambe soki tokokangamaka mpe tokangi makambo na kokufa lokola mabe, masumu, bozangi sembo mpe solo te. Nini eteni 42 elingi koloba ezali ete tosengeli kolona mpe totia na kufa oyo ekopolaka mpona kobuka yango na molimo, na tango eteni 50 elakisi ete tokoki te kosangola Bokonzi na Nzambe na kozanga kolongola lokuta oyo ekokufaka.

Tala nazali koloba na bino likambo libombami; nde biso nioso tokombongwana motindo mosusu na mwa ntango mokemoke, nan tango na kobweta liso, wana ekoyula kelelo na nsuka. Pamba te kelelo ekoloba mpe bakufi bakosekwa na kozanga kopola, mpe biso tokombongwana motindo mosusu. (15:51-52)

Awa liloba 'libombami; elakisi emoniseli'. Na tango Lazalo, ndeko na Malia akufaki, Yesu Alobaki ete ye alalaki mpongi. Yesu Alobaki boye mpo ete na nsima ye akosekwaka mpo ete akufaki na kondimelaka Yesu. Bayekoli basosolaki yango na mosuni, mpe bakanisaki ete Lazalo azalaki solo na kolala. Nde, Yesu Alimbolaki polele ete asilaki kokufa.

Mpe bango oyo bakufaki kati na Nkolo, mingi mingi

bango oyo bazali kolalal mpongi bakombongwana na ngonga moko. Nzambe Abetaki kelelo na ba mbala mingi na nzela na batata na molimo kolobelaka biso ete tolongwa na nzela na kobebisama mpe tozongela bomoi. Sasaipi, kelelo na suka ekozala mongongo na Nkolo na biso koya kokamata biso.

Na tango kelelo oyo ekobeta, Nkolo Akozonga kati na mopepe. Akoya na mapata na nkembo makasi mpenza. Na tango wana, bango wana bakufaka bazonga na mua ndambo na putulu bakozala na nzoto ekobebaka te na tango na kobeta na liso mpe bakosekwa. Bango oyo bayambi Nkolo tango bazali na bomoi bakombongwana mpe na ba nzoto na molimo, mpe bakokamatama na mopepe, mpe bakokutana na Nkolo kati na mopepe (1 Batesalobiki 4:16-17).

"Pamba te, ekoki ete nzoto oyo na kopola elata kozanga kopola mpe nzoto oyo na kufa elata kozanga kufa. Mpe wana nzoto oyo na kopola ekolata kozanga kopola mpe nzoto oyo na kufa ekolata kozanga kokufa, bongo liloba ekokota oyo ekomami ete, "Kufa esili komelama na elonga!" (15:53-54)

Pamba te yango ekosalema mpenza solo, Liloba solo esalelami. Nzoto oyo na kopola ekolata nzoto ezanga kopola, mpe nzoto oyo ezanga kopola ezali bomoi na molimo. Na tango moto akufi, kala te nzoto ekopola na solo mabe makasi. Na ngolu na Yesu Chritu biso tokolata nzoto na molimo oyo ekokufaka te. Nzoto oyo na molimo epolaka soko te, ekokufa te, to enunaka te.

Yango tina na tango Nzambe Akelaka Adamu, Akelaka ye

te lokola bebe te kasi lokola mokolo asila kokola longwa na ebandeli. Soki Adamu asengelaki kokola na mbula na bebe kino na elenge, mpe kokola lisusu lokola mokolo, elingi kolakisa été azalaki konuna. Kasi molimo enunaka lolenge oyo te. Nzambe Akelaka Adamu lokola ekelamo na kokoka longwa tango akelamaka.

Ssaipi, nini yango elakisi na "bongo liloba likokoka oyo ekomami ete, 'kufa esili komelama na elonga'"?

Yesu Christu Asekwaka na kobukaka nguya na kufa, mpe likambo na lolenge moko ekokomela bandimi. Epesameli na biso nzela na kokende na bomoi na seko na kokangama te lokola moumbo na kufa. Lolenge oyo, liloba eye ekomama ete, "Kufa emelami kati na elonga" ekokisama.

"Akosilisa kufa libela mpe NKOLO YAWE Akokomba mpinzoli na bilongi nioso; Akolongola mpe nsoni na baton a Ye longwa na mokili mobimba, pamba te YAWE Alobi bongo." (Yisaya 25:8).

Kati Lola, ezali na kufa te, maw ate, bokono, to pasi kasi kaka kosepela mpe bolingo na tango ekozonga Nkolo, maloba mana nioso makokokisama. Na tango ekoua Ye, kufa ekozala na eloko moko te elongo na biso.

Baebele 2:14-15 elobi ete, "Na bongo, awa ezali bana kosangana na makila mpe na mosuni, bobele bongo ye mpe asangani na yango na ntina ete na nzela na kufa Abebisa ye oyo azali na bokonzi na kufa, ye wana oyo na mabe, mpe akangola bango nioso ba oyo bakomi baumbo kino mikolo nioso na bomoi na bango mpona kobanga kufa."

Lokola ekomami, bango oyo balandaka mokano na Nzambe bakosikolama na nguya na kufa mpe bakozwa bomoi na seko. Yesu Akitaka kati na mokili na nzoto na moto mpona ntina yango.

'E kufa kolonga nay o wapi? E kufa esweli nay o wapi? Esweli na kufa ezali masumu mpe nguya na masumu ezali Mibeko. Matondi epai na Nzambe oyo Apesi biso elonga na nzela na Nkolo na biso Yesu Kristu. (15:55-57)

Kufa ekonzami mpe ekambami na moyini zabolo. Kufa eswaka biso likolo na masumu. Mimekano, bokono, mpe kufa eyaka epai na biso likolo na masumu. Bana na Nzambe bakobatela bango oyo bandimeli Nkolo. Kasi na tango basali masumu, bakoki te kobatelama.

Kati na Genese 3:14 Nzambe Alakelaki mabe nyoka mpo ete aliaka putuulu na mokili mpona mikolo na bomoi na ye nioso. AAwa, 'mputulu' elakisi moto oyo asalemi na putulu na mokili. Mingi mingi, kolia putulu elakisi moyini zabolo mpe Satana akofunda moto, na lolenge ezali ye kosalaka masumu, mpona komemela ye mimekano mpe bokono. Elobami ete, 'nguya na masumu ezali mobeko." Elakisi ete mobeko ekoki kokonza masumu. Ezali mobeko na mboka nde ekonzaka likolo na ba mbeba, mpe lolenge moko Liloba na Nzambe, Mobeko, ekonzaka masumu. Sooki mibeko te, tolingaki te koyeba soki ezali biso basumuki to te. Tokoki kososola ete tozali basumuki na komitalaka biso mpenza na Liloba na solo.

Tozali na lisosoli na motema, kasi lisosoli yango na motema na moto, moko na moko ekesana, mpe moto moko te asengeli kobetisa sete ete lisosoli na motema na ye ezali malamu. Tosengeli te kosambisaka malamu to mabe kolandisama na makanisi na biso kasi tosengeli kossosola makambo kolandisama na Liloba na Nzambe. Mobeko ezali na nguya, mpe tosengeli kokanisa kolandisama na Liloba na Nzambe, Mobeko na Nzambe.

Eteni 57 rlobi ete Nzambe Apesaka na biso elonga na nzela na Nkolo na biso Yesu Christu. Tokoki kaka kopetolama na makila na Nkolo. Toloba ete moto atamaki kati na boloko mpona ba mbula 10 mpona koboma esalaki ye. Nde ata sima na ye kosilisa ba mbula na ye, akozala na mokanda elakisi ete abomaka.

Kasi, kati na Baebele 8:12 elobelami na biso ete soki tolongwe mpe tombongwani kati na mitema na biso, Nzambe Akolobaka lisusu te ete tozali basumuki, Akokaki lisusu at ate kokanisa masumu na biso. Lolenge ezali biso kotiela motema na Nzambe oyo, lolenge nini ekoki na biso kokangama na masumu, yango ezaali esweli na kufa? Solo, tosengeli kolongola yango. Wsengo, matondi, mpe kimia ekokitela bison a lolenge oyo tolongoli yango nioso. Tolongi etumba likolo na masumu, esweli na kufa, na nkombo na Yesu Christu, mpe tokoki kopesa matondi epai na Nzambe.

Bongo, bandeko na ngai, balingami, botelema ngwi, boninganaka te, bosala mosala na Nkolo ntango nioso, awa eyebi bino ete kati na Nkolo mosala na bino ezali mpamba te.

(15:58)

Tokolongaka kufa mpe tokozwa bomoi na seko na tango Nkolo Akozonga, nde bongo Paulo alobi na biso ete ete tosengeli na kotelema ngwi, toningana te,, tosalaka tango nioso mosala na Nkolo. Mosala na biso ekozala na pamba te mpo ete Nkolo Akozongisela biso kolandisama na lolenge nini esalaki biso.

Emoniseli 2:10 elobi na biso ete, "Zala sembo kino kufa, mpe nakopesa yo montole na bomoi." 2 Bakolinti 5:10 elobi mpe ete, "Mpo ete ekoki na biso komonana liboso na esambiselo na Kristu mpo ete moto na moto azua yango ekoki na ye, mpona misala misalaki ye na nzoto, soko malamu, soko mabe." Kati na Matai 5:11-12 ekomama ete, "Mapamboli epai na bino wana bakotuka bino mpe bakonyokola bino mpe bakolobela bino mabe nioso mpona Ngai. Bosepela mpe boyoka esengo pamba te libonza na bino ezali monene na kati na Likolo. Mpo banyokolaki bongo basakoli baoyo bazalaki liboso na bino."

Tokoki tango nioso kosepelaka mpe tolonga etumba mpo ete tozali na elikia oyo ete tokozuaka libonza kolandisama na misala na biso. Kasi awa, tosengeli kobatela eloko moko na bongo. Ya solo ezali motuya kokosalelaka Liloba na Nzambe, kasi oyo eleki na kosepelisa na miso na Nzambe ezali kobulisama na biso. Tokoki kokende na esika eleki malamu mpenza na Lola na lolenge oyo tokabwani na masumu mpe mabe mpe tokomi santisami. Elongo na oyo, kolandisama na misala na biso mpe kosalela kati na Nkolo, tokozwa mabonza kati na Lola.

Na bongo, tosengeli kaka te kosalaka makasi mpona Nzambe kasi tosengeli kozala na bosembo na molimo, yango ezali kosala makasi mpona Nkolo na kolongolaka na ngonga moko mabe.

Chapitre 16

BIZALELI NA BAKRISTU BASILA KOKOLA

Lolenge nini Mabonza Masengeli Kopesama

Kotosaka Kotambwisama na Molimo Mosantu

Bozala Kati na Komikitisa Epai na Moto Nioso Akosungaka kati na Mosala mpe Akosalaka

Lolenge nini Mabonza Masengeli Kopesama

> Mpona kokongola makabo na ntina na babulami, lolenge moko nalakisaki mangomba na Galatia, ekoki na bino kosala bobele bongo. Na mokolo na Eyenga moko na bino akaba mpe abatela eloko ye moko kati na yango esili ye kozua, ete soko nakoya makabo malukama te. (16:1-2)

'Kokongola' awa elakisi mabonza mapesami mpona Nzambe. Ntoma Paulo apesaka mpe motindo epai na lingomba na Bagalatia mpona kokongola. Awa alobaki na lingomba na Bakolinti ete basengelaki kosala lolenge moko. Ekokaki kaka kozwama lokola toli soki ezalaki likanisi na ye moko, kasi ezalaki motindo mpo ete ezalaki Liloba na Nzambe.

Mokolo na liboso na poso nioso elakisi Eyenga. Kati na Kondimana na Kala, Mokolo na motoba ezalaki Sabata, mpe ata lelo babatelaka Mokolo na Motoba lokola Sabata kati na Yisalele. Mokolo elandi, Eyenga ezali mokolo na liboso na poso.

Kati na Misala 20:7, totangi ete, "Na mokolo na liboso na mposo, toyangani mpona kobuka lipa," mpe awa 'mokolo na liboso na poso; elakisi Eyenga. Awa 'lipa' elaobelami elakisi Liloba na Nzambe. Na tango elobami ete basanganaki elongo na Eyenga mpona kobuka lipa; elakisi bazalaki kosangana mpona koyangana kati na mayangani.

Emoniseli 1:10 ekomi ete, "Nazalaki kati na molimo na mokolo na Nkolo, " awa mokolo na Nkolo yango ezali Eyenga. Ntima nini Eyenga, mokolo na liboso sima na Sabata, ekoma Mokolo na Nkolo mpo ete Nkolo Abuka nguya na kufa mpe Asekwaka na Eyenga.

Na nzela na mosala oyo, bango oyo bandimelaka Yesu Christu bakokweyaka kati na kufa te kasi bazwaka bomoi na seko. Mpona ntina yango ezali mokolo eleka na esengo mpe mokolo na elikia esika wapi molimo na biso ekoki kozwa kopema na solo. Yango tina kati na ekeke na Kondimana na Sika tobatelaka Eyenga lokola Sabata mpona kongumbamela. Topesaka mpe mabonza epai na Nzambe mpona kosalela yango mpona Bkonzi na Nzambe.

Ntoma Paulo akonaki mangomba mingi mpe ateyaki Sango Malmu esika nioso ekendaki ye. Akongolaka mpe mabonza na mangomba misusu na bozwi mpona kosunga mangomba misusu oyo bazalaki na bosenga. Elakisi ete mingi na mangomba bazalaki kati na ba kokoso na misolo na tango wana, kasi asungaka mangomba mana oyo bazalaki na bosenga makasi.

Lisusu, bazalaki na nzala monene nde ememelaki bango

ba kokoso ebele. Ntoma Paulo asungaka mangomba kati na Yelusaleme na komemelaka bango mabonza to mpe na kotindaka epai na bango na nzela na moto mosusu. Alobelaka mpe na lingomba na Bakolinti ete batia pembeni mpe babatela mpona kokongola. Soki babongisamaki ten a tango ekendaki Paulo epai na bango, mpe soki basengelaki na kobongisa nokinoki, balingaki kopesa mabonza na koyoka lokola batindikaki bango. Soki yango ezalaka bongo, mabonza makokaki te na kokoka.

Wana ekozala ngai na bino, nakotinda bango bakolobelama na mokanda na bino ete bamema likabo na bino na Yelusaleme. Soko ekobonga na ngai ete nakenda lokola, bakokenda na ngai nzela moko. (16:3-4)

Ntoma Paulo alobaki ete akotinda mabonza makongolamaki na lingoba na Bakolinti na Yelusaleme.elongo na mokanda na ye. Kasi akokaki kaka kotinda moto nioso te. Moto oyo akomema mabonza asengelaki na kondimama mpe kotielama motema epai na ntoma Paulo mpe lingomba.

Likambo na lolenge oyo esengeli mpe kozala lolenge moko kati na bokambami na misolo na lingomba na mikolo na lelo. Na tango lingomba esali mosala na kosunga, esengeli kosalema na moto oyo azali mpenza na kotiela motema. Paulo alobaki mpe ete akotinda mabonza epai na moto na kotiela motema, mpe bandimi na lingomba na Bakolinti basengelaki na komitungisama te.

Awa 'likabo na bino' esangisi oyo bandeko kati na lingomba

na Bakolinti babombaki, ata na tango na mikakatano na bango moko, na makambo na bango moko mpona kopesa libonza oyo lokola mbeka likabo na kosunga lingomba na Yelusaleme, nde basengelaki kobondela mingi mpona yango.

Nde Paulo alobaki mpe ete, "...soko ekobonga na ngai ete nakenda lokola, bakokenda na ngai nzela moko." Kasi alobaki te kaka ete, "Nakokenda." Ezali mpo ete Paulo atikaka nioso na maboko na Nzambe. Atalisaki likanisi na ye, mpe soki ezalaki kolandisama na mokano na Nzambe te, akosengela na kokende te. Yango tina elobi ye été, "soko ekobonga na ngai nakenda."

Kotosa Kotambwisama na Molimo Mosantu

> Nakokomela bino wana ekoleka ngai kati na Makedonia. Pamba te, nakokenda na Makedonia, mpe nakoumela soko mua ntango na bino elongo soko koumela nan tango na mpio ete bino botindisa ngai liboso na mobembo na ngai. (16:5-6)

Makedonia ezwami na ngambo na likolo na Kolinti. Paulo akomaki na Efese esika ezalaki ye kofanda ete akokenda kati na Makedonia mpona kokoma na Kolinti.

Asengelaki te koloba ete azalaki koleka kati na Makedonia, kasi alobelaki yango na ntina mpo ete bakoka koyeba nzela na ye. Alobelaki mpe kokoka na ye na kolekisa ntango na mpio kati na Kolinti.

Alobaki 'soko' mpo ete ekokaki mpe kosalema bongo te. Akokaki kosala yango te soki Molimo Mosantu Apesaki ye nzela te. Ntoma Paulo alingaki kopanza Sango Malamu na Asia, kasi lolenge ekomama kati na Misala 16 :6-10, na tango

Molimo Mosantu Apekisaki ye, akokaki te kokende na Asia kasi akendaki na Poto (Europa). Lolenge oyo, tosengeli te kosala makambo lolenge elinge ;i biso kasi tolanda kotambwisama na Molimo Mosantu.

...Mpo ete sasaipi, nalingi komona bino bobele wana ekoleka ngai te. Pamba te nazali kolikia ete naumela na bino mwa ntango soko Nkolo Akokana bongo. Nakotikala na Efese kino Eyenga na Ntuku Mitano; Pamba te ekuke monene ezipweleli ngai mpona mosala monene mpe batelemeli bazali mingi. (16:7-9)

Na mikolo maleka ye azalaki na misala mingi mpe azalaki na ngonga mingi te, nde atelemaki kaka mgonga moke na koleka na ye. Kasi na tango oyo, soki Nkolo Apesaki ye nzela, alingaki kofanda elongo na bango na ngonga moko mpona kokabola ngolu. Na tango yo mpe lisusu alobi ete, "sokinkoloAndimeli ngai", na kososolisa bango ete mosala na ye nioso ezalaki kaka na mokano na Nzambe. Ntoma Paulo ateyaki epai na lingomba na Bakolinti mpona tango molai mpe Alingaki mingi lingomba. Nde alingaki kofanda mpona tango moko elongo na bango, kasi kaka na koleka te.

Eteni 8 elobi ete, "Kasi nakotikala na Efese kino Eyenga na Ntuku Mitano." Litomba na Paulo ezalaki kaka koteya Sango Malamu. Alingaki kaka kofungola ekuke na Sango Malamu mpe abikisa ebele na milimo na Efese mpe mikili misusu. Nde Alobaki ete, "Pamba te ekuke monene ezipweli ngai mpona mosala monene," yango elingi kolakisa ete ekuke mpona koteya ebele efungwamaki makasi.

Soki ezali na ebele na batelemeli na tango ezali biso koteya Sango Malamu, ekozala pasi te mpona koteya Sango Malamu. Soki bato bazali kolandela biso te, ekozala solo pasi na koleka mpona koteya epai na bango. Kasi soki bazali komeka kololoba to mpe kozongisela biso, ezali na nzela monene mpenza mpona bango kondimela Nkolo.

Tosengeli te kobanga misala na kotungisa na Satana na tango ezali biso kopalanganisa Sango Malamu. Soki tokobi na kobondela mpe na koteya Sango MALAMU, zabolo aakomeka mpe kopekisa biso, kasi na lolenge wana moko, Nzambe Akobatela mpe biso. Paulo alingaki koloba mpo été ekuke na koteya efungwamaki mpe ezalaki na batelemeli ebele, alingaki koteya Sango Malamu na kozalaka kati na Efese mpona tango mingi koleka.

Wana ekoya Timote, bokeba ete azala na nsomo kati na bino te. Pamba te azali kosala mosala na Nkolo pelamoko ngai. Bongo tika te ete moto atiola ye. Botindisa ye na nzela na kimia ete aya epai na ngai mpo ete nazali kotalela ye na bandeko elongo. (16:10-11)

Paulo abokolaka Timote na bolingo mingi mpona ye, ata na kobengaka ye mwana na ye. Kasi elakisi ete azalaki elenge mpe azalaki na experience mingi te, mpe ete azalaki na ezaleli na bosokemi mpe na nzoto na kolemba.

Lingomba kati na Kolinti ezalaki na ba kokoso mingi lokola

zua, kowelana, bikobo, mpe kofundana moko na mosusu epai na bazuzi kati na bandeko na kondima. Timote asengelaki akokaki kosilika to kobanga na tango esengelaki na ye kokende na lingomba wana. Mpona yango Paulo asengaki epai na bango ete, "...bokeba ete azala na nsomo epai na bino te. Pamba te azali kosala mosala na Nkolo pelamoko ngai."

Basusu kati na bandeko na lingomba na Kolinti balingaki Paulo ten a tango basusu balingaki ye. Abandisaki lingomba mpe ayekolisaki bango na solo, kasi basusu balingaki te kondimela ye mpe bazalaki komema bokabwani mpe bitonga kati na lingomba. Yango tina Paulo amonaki yango motuya mpona kopesa nbango toli lolenge esalaki ye. Basilaki koyeba ete Paulo azalaki mosali na nguya mingi, nde bongo mikanda na ye misalaki misala na motuya.

Bango oyo balingaka Nzambe mpe babikaka kati na solo bako sokokotiola to mpe kotala pamba te mosali nini na Nzambe. Bongo, lolenge nini soki mosali moko oyo naino batiela maboko te, oyo abandi sika, ayei kotala mpe kosolola na bino, nini ekokanisa bino?

Soki bokanisi ete, "Nakanisaki pasteur moko na makoki mingi nde akoya, nde nani ezali oyo batindi?", nde, bokoki te kozwa ngolu na Nzambe. Nzambe Akoki te kosepela na bino to mpe Akoki te kosala elongo na bino. Ezali bondimi été boyamba ye lokola bokokaki koyamba Nkolo. Lolenge moko na bakamboi na ngai kati na lingomba ; tosengeli kondima bango lokola ekokaki biso kondima Nkolo.

Lolenge nini na Kosala Mpona Bakambi

Mpona ndeko Apolo napesaki ye simbisi monene ete aya epai na bino nzela moko na bandeko. Kasi akani ete aya sasaipi te, nde akoya wana ntango ekoki malamu. (16:12)

Eteni oyo etalisi lolenge nini ntoma Paulo asalaka na basali na Nzambe. Apesaki motindo na Apolo été akenda kasi apesaki ye toli été akende mbala mingi na kolobaka été ekozala malamu mpona ye kokende. Kasi Apolo ayokelaki Paulo te. Akokaki kokende soki polo apamelaka ye, kasi Paulo asalaki yango te.

Oyo ezali lolenge na kosala na bakambi na lingomba mpe basali kati na lingomba. Tokoki kopesa motindo soki ezali mokano na Nzambe, kasi tosengeli kaka kopesa toli na tango ezali likanisi na biso moko.

Apolo azalaki na ntina mpo nini akokaki kokende te. Asila kosala mosala na Kolinti elongo na ntoma Paulo. 1 Bakolinti 3:6 elobi été, "Ngai nakonaki, Apolo amwangisaki mai, kasi Nzambe Akolisaki."

Kasi mpo été ezalaki na bokabwani, na kolobaka été bazalaki na Apolo, na Paulo, na Christu, to Petelo, lolenge nini motema na ye kozoka azalaki ! Yango tina alingaki mpenza kokende te, mpe azalaki na mua tina na ye moko. Kasi Paulo alobaki été na tango ngonga ekoya akotosa mpe akokendaka.

Paulo ayokaki mabe te to mpe azala na motema nkanda mpo été Apolo ayokaki toli na ye te. Paulo alingaki tango nioso kozala na kimia mpe akobaki na kolimbisaka, kososolaka moto oyo mosusu lolenge moto yango amonaki.

Na bongo, tosengeli te kosala lokola Apolo to mpe toboya koyoka toli na bango oyo bazali na mozindo kati na kosolola na Nzambe. Yango ezali lolenge oyo Bokonzi na Nzambe ekoki kokokisama nokinoki.

Bokengela, botelema kati na kondima, bozala babali mpenza, bokemba na nguya. Tika ete makambo nioso na bino masalama na bolingo. (16:13-14)

Solo tosengeli na kokengelaka mpona kozwa lobiko. Bato misusu na ebandeli babikaki bomoi na komikaba mpenza kati na kondima, kasi kala te bakitaki mpe babandaki kolinga lisusu makambo na mokili. Ezali mpo ete bakwei na etumba na moyini zabolo. Komeka lisusu kozongela makambo na molimo ezalaka pasi mpe makasi.

Na tango batondisami na Molimo, bazalaka na esengo mpe na kopesaka matondi, kasi soki babungisi kotondisama yango na Molimo, esengo mpe matondi na bango elimwe elongo na kotondisama. Yango tina tosengeli tango nioso kosenjelaka mpe kobondelaka.

Kotelema kati na kondima' elakisi ete tosengeli kotelema likolo na libanga na kondima. Soki ndako etongami likolo na libanga, ekokweya ten a tango mbula monene ekweli yango, kasi ndako etongami likolo na mabele ekokweya na pete. Ezali motuya mingi kozala na kondima eye ekoninganaka ten a momekano soko mpe kokoso. Yango ezali kondima oyo ekoki kondimama na Nzambe.

Soki tosengeli kopikola nzete, tokomeka yyyambo na koningisa yango. Soki mosisa ezali na mozindo makasi mpe ekoningana te, tokotika yango sima na biso koningisa na mu aba mbala. Kasi soki nzete eningani ata moke, tokokoba na koningisa yango, kokanisaka ete tokoki kopikola yango. Moyini zabolo akoningisa biso te soki totelemi ngwi likolo na libanga na kondima.

Yango tina Paulo alobi ete, "bozal babali mpenza, bokemba na nguya." Mingi mingi, tosengeli kozala makasi mpe na nguya kati na solo na kozalaka na mikano makasi.

Eteni 14 elobi ete, "Tika ete makambo nioso na bino masalema na bolingo." Kosalaka eloko kati na bolingo te ezali na eloko moko ten a Nzambe. Ata soki eloko esalemi malamu mingi, soki esalemaki na makasi, ebele na bato bakokaki konyokwama. Satana asalaka na esika na lolenge oyo.

Ezala monene to mpe moke, eloko nioso ezali biso kosala mpona Bokonzi na Nzambe mpe bosembo na yango esengeli kosalema na bolingo na molimo. Na tango esali biso mosala moko to mpe mosala na komikaba mbeka, esengeli te kosalema mpona komitalisa liboso na bato misusu to mpona komimatisaka.Tosengeli komipesa mpona Bokonzi na Nzmabe mpe bandeko kati na kondima, na kolukak oyo na biso moko te. Tosengeli kosala nioso mpona kopesa nkembo na Nzambe, na kozalaka na bolingo mpe boboto.

Bozala na Botosi Epai na Moto Nioso Azali Kosunga kati na Mosala mpe Akosalela

Nazali kobondela bino bandeko. Boyebi baton a ndako na Setefana ete bazalaki bandimi na liboso kati na Akaya mpe ete basili komitia bango mpenza na mosala na kosalela babulami. Bino botosaka baton a lolenge oyo mpe bato nioso baoyo bakosangana na mosala mpe bakosalaka na etingia. (16:15-16).

Setefana andimelaki Nkolo na Akaya/ Andimamaki lokola oyo azalaki kosalela bandeko kati na kondima, mpo ete atalisaki yango. Nzambe Ayebii biso ete tomikitisaka epai na baton a lolenge oyo bango oyo bazali kosala mpona bokonzi na Nzambe mpe bosembo na yango.

Ezali na baton a lolenge na lolenge kati na lingomba:bazwi, babola, bayekola mingi mpe bayekola moke, mpe bango oyo bazali na bokonzi kati na bato mpe bango bazali na yango te.

Soki ezali na moto oyo akosalaka makasi mpona Bokonzi na Nzambe mpe bosembo na yango, ezali kondima mpona kotosa ye na kotala te soko azali nani to misolo azali na yango. Bana solo na Nzambe bakosalaka boye.

Soki tokotosaka moto na lolenge oyo te kaka mpo ete azali na influence moke to na mayebi moke, elakisi ete tozali na lolendo. Lolenge elobaki Yesu kati na Matai 18:3 ete, "Soko bokombongwana te mpona kokoma lokola bana mike oyo te, bokoingela na bokonzi na Likolo te." Toyebi ete baton a lolendo bakoki te kozwa lobiko.

Tondimaka Bango Bazali Koyeisa Sika Molimo na Biso

Nasepeli ete Setefana mpe Folotunato mpa Akaiko basili koya, pamba te bango basili kotondisa misala mizangaki epai na bino. Balendisi molimo na ngai pelamoko na molimo na bino. Bakumisa lolenge oyo na bato.

Paulo akumisaki nini oyo Setefana, Folotunato, mpe akaiko basalaki mpona Bokonzi na Nzambe mpe bosembo na yango. Ntoma Paulo akokaki solo koloba ete, "Bozala balandi na ngai" mpo ete azalaki na motema na solo, yango ezalaki lokola motema na Christu.

Na bongo, kosepelisa, kopemisa, mpe kobondesa motema na Paulo ezalaki lolenge moko na kosepelisa Molimo Mosantu mpe kosepelisa motema na Nzambe. Mpona yango Paulo alobelaki bato ete bakumisaka baton a lolenge oyo.

Biblia elobi na biso ete topalanganisa makambo malamu.

Kati na Malako 12:43-44, YesuAkumisaki mwasi mokufeli mobale été apesaki nioso atikalaki na yango mpona kokoba na kobika, mpe lisusu lokola elobama kati na Matai 26:13 été, "Nazali koloba na bino solo été na esika na esika wana bato bakosakola Nsango Malamu oyo kati na mokili mobimba, Likambo lisali ye ekoyebana mpona ekaniseli na ye." Ezali mokano na Nzambe kokumisa mpe kosakola makambo malamu mppe kopesa nkembo epai na Nzambe.

Likomi elobi mpe été, « lingomba oyo ezali na ndako na bango » mpo été na tango wana na Lingomba na Ebandeli bazalaki na ba ndako etongama kaka mpona mangomba te. Na ba tango wana lingomba ebandisamaki kati na bandako. Na suka na makomi ezali na mokanda mpona bango kopesana mbote moko na mosusu.

Ngai Paulo, nazali kokoma mbote oyo na loboko na ngai moko. (16:21)

Mbala mingi bato misusu bakomaki mikanda na ntoma Paulo. Nde, Paulo kokoma mokanda ye moko etalisi biso ete alingaka mingi mpenza bandeko na lingomba na Bakolinti. Bandimi wana kati na Kolinti basengelaki mpe koyoka bolingo na ye na kotangaka mokanda na ye.

Soko nani azali na bolingo epai na Nkolo te, tika ete alakelama mabe. Є, Nkolo na biso, Oya. (16:22)

Likambo na lolenge oyo ekoki kaka kosalelama epai na moto nioso te. Kaka moto oyo alongola mabe na lolenge nioso mpe akoma mpenza mobulami akoki koloba likambo na lolenge oyo lolenge elobami likolo mpo ete ekoka kokokisama. Liloba oyo na likolo ezali solo.

Elembo na kolinga Nkolo ezali kobatela Mibeko ma Ye (1 Yoane 5:3). Ata mbala boni tokolobaka ete tolingaka Nkolo na bibebu na biso, tozali kaka baton a lokuta mpe tokoki ten a kobikisama soki tozali te kosalela mibeko ma Ye. Yango tina Ntoma Paulo Alobaki ete, "Soko nani azali na bolingo epai na Nkolo te, tika ete alakelama mabe."

Na tango bana bazalaki koseka Elisa na kolobaka ete, "O mata, yo moto na libandi, mata, moto na libandi!" alakelaki bango, mpe ba ngombolo basi babale babimaki mpe bapasolaki bana 42 (2 Mikonzi 2:23-24). Lolenge oyo, Liloba na mosali na Nzambe oyo ayebami epai na Ye ezalaka na nguya mpe na bokonzi. Tokoki kotanga kati na Biblia ete makoki na kopambola mpe kolakela mabe epesamaka na basali oyo balingami makasi na Nzambe (Genese 12:3).

Soki mosali na lolenge oyo apamboli moto oyo abongisaki sani mpona kozwa mapamboli, lipamboli yango ekopesamela ye. Soki alakeli moto oyo asengeli na kolakelama mabe, yango ekowelela ye. Yango tina moto asengeli te kaka kolakela mabe. Ya solo, mosali na Nzambe solo na lolenge oyo akolakelaka kaka pamba te moto kasi kaka na kolandisama na Molimo Mosantu mpe na solo.

Amen.Ngolu na Nkolo Yesu Ezala na bino. Bolingo na ngai bozala na bino nioso kati na Kristu Yesu. (16:23-24)

Bolingo na mosuni, bolingo libnda na Yesu Christu, ezali na litomba moko te. Toloba na tango mondimi kati na lingomba asumuki mpe pasteur alobeli yango te, kasi akumisi kaka mondimi yango. Nde, akoki kolinga yango, kasi tokoki te koloba été ezali bolingo na solo. Ezali kak bolingo ezanga talo, bolingo na mosuni.

Lisusu, tosengeli kaka kokumisa basusu te na kosalela nkuku te. Mbala mingi moto yango azwi kokumisama akokoma na lolendo na misala na Satana. Na bongo, kokumisa masengeli kopesama kolandisama na kotambolisama na Molimo Mosantu.

Na tango Yesu Akumisaka Petelo oyo autaki kaka kotatola été, "Yo Ozali Christu, Mwana na Nzambe na Bomoi," na kala te Satana abandaki kosala (Matai 16 :16). Na tango Yesu Alobaki été esengelaki na Ye konyokwama mpe Akokufa na suka na mokano na Nzambe, Petelo amekaki kopekisa Yeango. Bongo Yesu Alobaki été, "Longwa mosika na Ngai, Satana !" (Matai 16 :23)

Na bongo, tosengeli na kososola kati na bolingo na molimo mpe bolingo na mosuni kati na makambo nioso. Liloba na koloba 'kati na Christu Yesu' na eteni na likolo elakisi été ezali kati na bolingo na molimo. Ntoma Paulo apambolaki lingomba na Kolinti été ngolu na Nkolo Yesu Christu mpe bolingo na molimo ezala na bango elongo na suka na mokanda na ye.

Na nzela na mokanda oyo ntoma Paulo alakisaki lingomba na Kolinti mokano na Nzambe mpe ayanolaki na makambo masengelaki na ebele na makambo bango bazalaki na yango kati na lingomba. Makambo mana mazalaka kaka kati na lingomba na Bakolinti te. Makoki ata komonana na mangomba na lelo. Soki tosaleli biyano mana kati na bomoi na biso mpe na makambo ekutani na biso yango na ba bomoi na biso, makozala etambwiseli malamu mingi mpona Bokristu na biso.

Paulo abetisi sete liboso ete basengeli ten a kosambisa kolandisama na makanisi na bango moko, mpo ete Nzambe Azali kaka Ye Oyo Akoki kosambisa. Apesaki na bango toli ete bakabwana na ekobo, mpe kati na bandeko kati na kondima basengelaki te kofundana na bazuzi, kasi basilisaka makambo kolandisama na molongo kati na lingomba. Abetisaki sete ete baboya kongumbamela bikeko mpe baluka bolamu na bango moko te.

Alimbolaki mpona makabo na Molimo Mosntu mpe asengaki na bango ete balikia mpona bolingo, yango ezali likambo eleki monene na makabo na Molimo, mpe bakolisa yango. Alakisaki bango mpe ete basalaka kati na bosembo, na kosenjelaka mpe na kozalaka na elikia mpe assurance na lisekwa. Atikaki bango bayeba mokano na Nzambe mpona Sango Malamu na bisika nioso, libala, mpe Elambo Esantu.

Nakolikia ete biso nioso tokobatela makambo kati na mokanda na Paulo kati na mitema na biso, tososola mokano na Nzambe malamu, mpe tosalela yango kati na bolingo mpe na boboto. Nandimi ete Nzambe Akosepela na lolenge ezali biso kosala na lolenge oyo mpe Apesa na biso mapamboli makosopanaka na mokili mpe lokumu monene kati na Bokonzi na Lola.

Mokomi:
Dr. Jaerock Lee

Dr. Jaerock Lee abotamaki na Muan, Province na Jeonnam, Republique na Coree, na 1943. Na ba mbula zomi na mibale na ye, Dr.Lee abelaki na ba bokono kilikili ezanga lobiko ba mbula sambo mpe azalaka kaka kozela liwa na elikya moko ten a kozongela nzoto malamu. Kasi mokolo moko na tango na moi moke na 1974 amemamaka na egelesia epai na ndeko na ye na mwasi mpe na tango afukamaka mpona kobondela, Nzambe na bomoi Abikisaki ye na mbala moko na ba bokono na ye nioso.

Kobanda tango akutanaka na Nzambe na bomoi na nzela na likambo wana malamu, Dr. Lee alinga Nzambe na motema na ye mobimba mpe solo mpenza, mpe na 1978 abiangamaka kozala mosali na Nzambe. Abondelaka makasi na ebele na kokila bilei mpo ete akoka kososola malamu mpenza mokano na Nzambe, akokisa yango na mobimba mpe atosa liloba na Nzambe. Na 1982, abandisaki Egelesia Manmin Centrale na Seoul, Coree, mpe ebele na misala na Nzambe, ata lobiko na bikamwa, bilembo na bikawiseli, ezala kosalema na egelesia na ye wuta tango wana.

Na 1986, Dr. Abonzamaka lokola Pasteur na mayangani na mbula na Yesu Egelesia Sungkyul na Coree, mpe ba mbula minei na sima na 1990, mateya ma ye mabanda kotalisama na Australie, Rusie, mpe ba Philippines. Kaka sima na tango moke ba mboka mingi koleka mabandaki na nzela na Companie de Radiodiffusion na Asia, Station na Radiodiffusion na Asia, mpe Système na Radio Chretienne na Washington.

Sima na mbula misato, na 1993, Egelesia Centrale Manmin eponamaki lokola moko kati na ba "Egelesia 50 maleki likolo na Mokili" na Magazine na Bakristu na Mokili Mobimba (US) mpe azwaki Doctora Honorius Causa na Bonzambe na College na Bakristu mpona Kondima, na Floride, America, mpe na 1996 azwaki Ph. D. na Mosala na Nzambe na Seminaire Theologique Kingsway, na Iowa, America.

Wuta 1993, Dr. Lee abanda kopanzana na mokili mobimba na nzela na ebele na ba croisade ebele na mokili ata na Tanzanie, Argentine, L.A., Baltimore cite, Hawai, mpe New York na America, Uganda, Japon,

Pakistan, Kenya, ba Philippine, Honduras, Inde, Rusie, Allemagne, Peru Republique Democratique na Congo mpe Yisalele. Na 2002 andimamaki lokola "Moko na ba Pasteur Monene na Mokili Mobimba" mpona mosala na ye na nguya makasi na ba magazine minene na Coree mpona mosala na ye na ebele na ba Croisade uinie Mokili Mobimba.

Kobanda Novembre 2010 Lingomba Manmin Centrale ezali na etonga na bandimi koleka 120,000.

Ezali na 9,000 na ba branches na mangomba kati na mboka mpe na mikili na bapaya kati na mokili, mpe kino awa ba missionaire na koleka 135 batindama na ba mboka 23, ata na America, Rusise, Allemagne, Canada, Japon, Chine, France, Inde, Kenya, mpe mingi koleka.

Na mokolo na kobimisa buku oyo, Dr. Lee akoma ba buku 60, ata ba chef d'oeuvre Gouter la vie eternal avant la mort, Ma vie ma foi I & II, Sango na Ekulusu, Bitape kati na kondima, Lola I na II, Lifelo, mpe Nguya na Nzambe. Misala ma ye mibongolisama na ba nkoto koleka 47.

Makomi ma ye na Bakristu ebimisamaka na. Hankok Ilbo, the JoongAng daily, chosun Ilbo, Dong-A Ilbo, Munhwa Ilbo, Seoul Shinmun, Kyunghyang Shinmun, Hebdomadaire Economique Coreene, Herald na Coree, Ba Sango Shisa, Presse Chretienne.

Sasaipi Dr. Lee azali mokambi na ebele na ba organization na ba missionaire mpe association. Position na ye esangisi ata: President na : Lisanga na ba Egesia na Yesu Christu mpona Kobulisama ; President : Mission Manmin na Mokili Mobimba ; President Permanent na, Associatin Mondiale mpona Bolamuki na Bakristu, Monbandisi mpe Mokambi na Board, Reseau Mondiale na Bakristu (GCN) ; Mobandisi mpe mokambi na Board, Reseaux Mondiale des Medecins Bakristu ; mpe Mobandisi mpe President na Conseil D'Administration, Seminaire International Manmin (MIS).

Other powerful books by the same author

Heaven I & II

A detailed sketch of the gorgeous living environment the heavenly citizens enjoy and beautiful description of different levels of heavenly kingdoms.

The Message of the Cross

A powerful awakening message for all the people who are spiritually asleep In this book you will find the reason Jesus is the only Savior and the true love of God.

Hell

An earnest message to all mankind from God, who wishes not even one soul to fall into the depths of hell! You will discover the never-before-revealed account of the cruel reality of the Lower Grave and hell.

Tasting Eternal Life Before Death

A testimonial memoirs of Dr. Jaerock Lee, who was born gain and saved from the valley of death and has been leading an exemplary Christian life.

The Measure of Faith

What kind of a dwelling place, crown and reward are prepared for you in heaven? This book provides with wisdom and guidance for you to measure your faith and cultivate the best and most mature faith.

www.urimbooks.com

www.ingramcontent.com/pod-product-compliance
Lightning Source LLC
LaVergne TN
LVHW021759060526
838201LV00058B/3165